Luiz Carlos Mariano da Rosa

Da propriedade como fundamento ético-jurídico e econômico-político em Locke à vontade geral e o sistema autogestionário em Rousseau

Politikón Zôon Publicações

Luiz Carlos Mariano da Rosa

Da propriedade como fundamento ético-jurídico e econômico-político em Locke à vontade geral e o sistema autogestionário em Rousseau

Politikón Zôon Publicações
2018

Politikón Zôon Publicações
1ª edição
Fevereiro de 2018

Capa e contracapa: Vick Rô [Reprodução digital de *Imagem de PublicDomainPictures, Lisa Johnson, Olichel Adamovich, Andrew Martin, georgiamayhubbard e Lisette Brodey por Pixabay*]

Copyright © by Luiz Carlos Mariano da Rosa

Sem autorização expressa do autor e do editor não é permitida a reprodução desta obra, no todo ou em parte e por nenhum meio, excetuando—se a transcrição de pequenos excertos para fins de divulgação e crítica.

Dados Internacionais de Catalogação na Publicação (CIP)
Politikón Zôon Publicações

R7881p Rosa, Luiz Carlos Mariano da, 1966—
Da propriedade como fundamento ético-jurídico e econômico-político em Locke à vontade geral e o sistema autogestionário em Rousseau. — São Paulo: Politikón Zôon Publicações, 2018.

Inclui bibliografia
ISBN 978-85-68078-06-8

1. Política—Filosofia. 2. Locke, John, 1632—1704— Crítica e interpretação. 3. Rousseau, Jean—Jacques, 1712—1778—Crítica e interpretação. I. Título.

CDD — 320.1

32

Índice para catálogo sistemático:
1. Política — Filosofia 320.1

Politikón Zôon Publicações
Caixa Postal 436, Centro, São Paulo, CEP: 01031—970, Brasil

Ao *Deus-Homem* Jesus Cristo.
À minha família:
Val (*in memoriam*),
Nísia e Victoria.
Ao meu pai José Mariano da Rosa (*in memoriam*)
E à minha mãe, Maria de Lurdes.

A associação livre, a liberdade que se limita a manter a igualdade nos meios de produção e a equivalência nas trocas é a única forma possível de sociedade, a única justa, a única verdadeira.
[Proudhon]

SUMÁRIO

Prefácio [13]

Capítulo 1 – Da propriedade como fundamento ético-jurídico e econômico-político em Locke [33]

I Parte – A propriedade como base das relações interindividuais: o fundamento ético-lógico da transição do estado de natureza para o estado cívico [41]

II Parte – A propriedade como base do sistema jurídico-político: do Direito Natural ao Direito Positivo e a capacidade de autodeterminação e de auto-obrigação do indivíduo [51]

III Parte – A propriedade como base da existência histórico-cultural: da "utilidade" no princípio de apropriação à maximização da "utilidade" na acumulação ilimitada [59]

IV Parte – A propriedade como base da formação econômico-social: a criação do dinheiro como mercadoria principal e a produção da riqueza monetária (capital) [71]

Capítulo 2 – A vontade geral como processo ético-jurídico de deliberação coletiva e movimento econômico-político de institucionalização do poder [85]

I Parte – Da dialética essencial entre Direito e Poder na constituição do Estado e a Vontade Geral como processo ético-jurídico de deliberação coletiva e princípio de integração dinâmico-dialética [93]

II Parte – Da conversão da Vontade Geral em legislação como objetivação de valores, necessidades e fins do corpo coletivo e moral [107]

III Parte – Da Vontade Geral como processo ético-jurídico de decisão coletiva e forma de exercício do poder econômico-político [117]

Capítulo 3 – A vontade geral e o sistema autogestionário: necessidade, possibilidade e desafios [129]

I Parte – A Vontade Geral e a integração dinâmico-dialética: a necessidade e a possibilidade da correlação envolvendo liberdade e igualdade [139]

II Parte – O sistema autogestionário e a autodeterminação coletiva: a correlação envolvendo o político e o econômico [153]

III Parte – O sistema autogestionário e a sua concreticidade histórico-cultural e econômico-social: movimentos cooperativos e comunas socialistas [169]

Aspectos Conclusivos (Da propriedade como base das relações interindividuais, do sistema jurídico-político, da existência histórico-cultural e da formação econômico-social à vontade geral como processo ético-jurídico de decisão coletiva e forma de exercício do poder econômico-político) [183]

Referências bibliográficas [221]

Bibliografia do autor [227]

Websites & social links do autor [249]

Da propriedade como fundamento ético-jurídico e econômico-político em Locke à vontade geral e o sistema autogestionário em Rousseau
Luiz Carlos Mariano da Rosa

PREFÁCIO

À condição imperfeita que caracteriza a existência humana no estado de natureza, o que se impõe, de acordo com o Capítulo 1, é a necessidade da instituição de um direito que, baseado no direito natural, seja assegurado pela coercibilidade que a instauração da sociedade política viabiliza, o que pressupõe que a caução social não guarda suficiência neste sentido que implica uma relação de dependência dos homens, no processo interindividual, no que concerne à razão e à consciência e antes à atividade que a encerra como tal nas fronteiras da sensação, a saber, a reflexão, convergindo o sistema filosófico-político de Locke para um racionalismo moral[1],

---

[1] Nesta perspectiva, convém ressaltar a tensão que se impõe à teoria moral de Locke, cujo conteúdo traz como fundamento tanto o racionalismo como o hedonismo, à medida que se atribui à razão a capacidade de determinar aquilo que se caracteriza como *verdadeiramente bom*, este guarda a condição que implica a

tendo em vista a concepção de que "ser-nos-á apropriado, como criaturas racionais, empregar as faculdades que temos a respeito das coisas que são mais adaptadas, e seguir a orientação da natureza, onde parece nos indicar o caminho"[2].

Nesta perspectiva, que encerra uma lei natural ou *lei divina* caracterizando a ordem natural das coisas, o direito à vida, o direito à felicidade e o direito à liberdade não guardam o mesmo sentido entre os indivíduos que através do consentimento instituem a sociedade política, divergindo em função da condição de desigualdade que os caracteriza no âmbito da organização político-social que, segundo a concepção de Locke, traz como

---

produção de prazer: "A ética de Locke é de caráter hedonista na medida em que atribui considerável importância às causas do prazer e da dor como 'bens' e 'males', respectivamente. No entanto, esse 'prazer' e essa 'dor' (ou suas causas) não devem ser entendidos apenas no sentido 'físico' ou apenas no sentido 'subjetivo'. Segundo Locke, há leis morais cuja obediência produz o bem e cuja desobediência produz o mal. Essas leis, embora procedam de Deus, são racionais e coincidem com 'as leis naturais'." (Mora, 2004, p. 1769)

[2] Locke, 1999, IV, XII, 11, p. 282.

fundamento ético-jurídico e econômico-político a propriedade, convergindo para uma determinada formação econômico-social e para um específico arcabouço de relações produtivas. Estabelecendo o direito de propriedade através de um conceito que, além da terra, envolve a vida, a liberdade, o corpo, o trabalho, Locke institui uma sociedade política que, tendo como fundamento tal direito, coloca em jogo tudo o que não seria passível de troca e que, dessa forma, é relegado às fronteiras do regime de relações econômico-sociais ora instauradas, o que implica em um direito paradoxal, que reúne noções contraditórias, antagônicas, autoexcludentes, cujo conteúdo corresponde ao *status* dos indivíduos como agentes econômicos em um sistema jurídico-político que tende a distinguir "proprietários" e "trabalhadores", detentores dos meios de produção e titulares da força de trabalho.

Convergindo para uma espécie de "seleção" que tende à hierarquização da totalidade político-social, o que se impõe, nesta perspectiva, é a determinação *a priori* da estrutura jurídico-política do Estado (liberal) e do *modus operandi* da sua formação econômico-social, tendo em vista o direito de propriedade que, guardando anterioridade em relação à instituição do poder político, emerge, no tocante aos bens (fortunas), como resultado do trabalho e do investimento do agente ao qual cabe, em sua realização, corresponder às leis naturais que regem a existência humana, submetendo-se aos princípios do direito natural.

Se a propriedade se caracteriza como um instituto para o qual converge uma relação que, trazendo como eixo de mediação a posse, envolve uma transição que emerge através do trabalho, à condição de direito inalienável e objeto de proteção do Estado se lhe atribuído por Locke, Rousseau, se lhe contrapondo, impõe a perspectiva que a encerra como a raiz da corrupção humana. Dessa forma, Estabelecendo uma correspondência envolvendo liberdade natural e posse, e uma relação que se lhes opõe e implica "liberdade civil" e propriedade, a leitura rousseauniana circunscreve esta última ao Estado Civil, à medida que a sua instauração converge para a emergência da organização social, a cujo poder, a Vontade Geral, permanece sujeita, tornando-se passível de limitação em função de três condições que se lhes demanda a existência, a saber, a desocupação da terra, a utilização para fins de subsistência e a sua real e efetiva exploração neste sentido[3], o que assinala que, contrapondo-se à perspectiva lockeana, que defende a responsabilidade do Estado quanto a sua proteção, o que se impõe é o interesse comum, as necessidades da

---

[3] Nesta perspectiva, cabe salientar que a limitação do excesso de propriedade, a sua restrição, pois, guarda correspondência com a igualdade material que se impõe como a condição que possibilita a emergência da Vontade Geral, na medida em que se torna capaz de assegurar a sua manifestação como tal.

coletividade, enfim, que se sobrepõem aos interesses particulares.

Nesta perspectiva, se a propriedade privada, a divisão do trabalho e a alienação perfazem o fundamento da sociedade injusta, convergindo para a instauração de uma desigualdade incompatível com o pressuposto da condição humana, a saber, a liberdade, à sociedade justa impõe-se a questão que envolve a construção de uma forma de associação que possibilite a defesa e a proteção tanto da pessoa como dos bens de cada associado, segundo Rousseau, implicando também que o vínculo estabelecido entre o indivíduo e todos os demais nesta relação constitutiva da organização social seja capaz de conciliar a necessária obediência e a essencial liberdade em uma construção que demanda uma sujeição que não se circunscreva senão a si mesmo, conforme pressupõe a Vontade Geral como processo ético-jurídico de deliberação coletiva e condição para o exercício da soberania popular.

Quando se propõe uma lei na assembleia do povo, o que se lhes pergunta não é precisamente se aprovam ou rejeitam a proposta, mas se estão ou não de acordo com a vontade geral que é a deles; cada um, dando o seu sufrágio, dá com isso a sua opinião, e do cálculo dos votos se conclui a declaração da vontade geral.[4]

Consistindo em uma espécie de padrão de orientação concernente a uma determinada proposição e a sua relação com o bem comum, a Vontade Geral emerge, subsequentemente, como resultado do processo, conforme defende o Capítulo 2, assumindo uma condição que não se impõe senão como a sua declaração[5], perfazendo a expressão do interesse comum e convergindo para a transposição do indivíduo das

---

[4] Rousseau, 1999, p. 205.

[5] Convém esclarecer que a teoria política de Rousseau assinala que "a declaração da vontade soberana em legislação é por meio da VONTADE GERAL, que é a única que legitima a LEI. Como súdito, cada indivíduo está subordinado a uma lei em cuja elaboração participou como membro do corpo soberano. Na opinião de Rousseau, nenhuma outra base da lei pode ser legítima. A lei que é proclamada por apenas alguns poucos num estado impõe servidão àqueles que são compelidos a sujeitar-se-lhe e não lhes estabelece nenhuma obrigação de obediência." (Dent, 1996, p. 90)

fronteiras que encerram a dependência dos homens e consequentemente o caráter arbitrário das suas vontades e dos seus interesses particulares, à medida que através das leis, que corporificam os atos gerais, guarda possibilidade de se lhes escapar, alcançando no estado social a capacidade de correlacionar liberdade, "moralidade" e "virtude"[6].

> Cada indivíduo, com efeito, pode, como homem, ter uma vontade particular, contrária ou diversa da vontade geral que tem como cidadão. Seu interesse particular pode ser muito

---

[6] "Não seria possível pensar um rumo em direção a uma comunidade humana autêntica e verdadeira, que não necessitasse mais das molas do poder, da ganância e da vaidade, mas que estivesse fundada inteiramente na submissão comum a uma lei interiormente reconhecida como necessária e obrigatória? Logo que essa forma de comunidade surgir e se estabelecer, o mal enquanto mal social - e é só este que, como vimos, conta para Rousseau - será superado e eliminado. Se a forma coercitiva de sociedade existente até agora desmoronar e for substituída por uma forma livre de comunidade política e ética - uma forma na qual todos, em vez de estarem submetidos à arbitrariedade dos outros, reconhecem, aprovam e acatam como a sua própria apenas a vontade geral -, então a hora da redenção chegou. Mas essa redenção espera em vão por ajuda exterior. Nenhum Deus nos pode enviá-la; o homem deve sim se transformar no seu próprio salvador e, no sentido ético, no seu criador." (Cassirer, 1999, p. 74)

diferente do interesse comum. Sua existência, absoluta e naturalmente independente, pode levá-lo a considerar o que deve à causa comum como uma contribuição gratuita, cuja perda prejudicará menos aos outros, do que será oneroso o cumprimento a si próprio. Considerando a pessoa moral que constitui o Estado como um ente de razão, porquanto não é um homem, ele desfrutará dos direitos do cidadão sem querer desempenhar os deveres de súdito – injustiça cujo progresso determinaria a ruína do corpo político.[7]

Se sob a acepção de uma emanação do soberano a Vontade Geral guarda uma tendência que necessariamente implica o interesse comum, à medida que emerge das fronteiras que encerram o princípio que se lhe atribui a condição de infalibilidade e que envolve a noção de que não se pode desejar senão *sub specie boni*, o sentido que carrega como a própria decisão coletiva converge para não permitir tal caracterização, tendo em vista que neste último caso mantém dependência concernente a um juízo cuja retidão corresponde à possibilidade do conhecimento da Vontade Geral como padrão ou regra, se lhe demandando como tal.

---

[7] Rousseau, 1999, p. 75.

Perfazendo o momento da formação da vontade, a deliberação[8] guarda precedência em relação à decisão, convergindo para um horizonte que encerra várias perspectivas nas fronteiras das quais as preferências pessoais se movimentam, consistindo em uma noção que escapa à leitura rousseauniana, que se circunscreve à última etapa do processo[9], subestimando-o enquanto

---

[8] Para fins de esclarecimento do referido processo, cabe recorrer à reflexão de Gramsci acerca das deliberações coletivas: "As deliberações estabelecidas colectivamente devem apoiar-se na razão. Pode a razão ser interpretada por uma colectividade? Decerto que o *único* consegue deliberar mais depressa (para encontrar a razão, a verdade) do que uma colectividade. Porque o *único* pode ser escolhido entre os mais capazes, entre os mais bem preparados para interpretar a razão, enquanto a colectividade é composta por elementos diversos, preparados em diversos grau, para compreender a verdade, para desenvolver a lógica de uma finalidade, para fixar os diversos momentos através dos quais é preciso passar para se alcançar o próprio fim. Tudo isto é verdade, mas é também verdade que o *único* pode tornar-se (ou ser visto) num tirano e a disciplina por ele imposta pode desagregar-se porque a colectividade se recusa, ou não consegue compreender, a utilidade da ação, enquanto a disciplina fixada pela própria colectividade aos seus componentes, mesmo que tarde a ser posta em prática, dificilmente falha na sua efectivação." (Gramsci, 1976, p. 172, grifos do autor)

[9] Baseado na leitura de Bernard Manin, torna-se relevante, nessa

possibilidade de revelação da Vontade Geral, à medida que, encerrando a concepção que a mantém subjacente às *consciências*[10] dos membros do soberano, tende a atribuir naturalidade à sua emergência.

---

perspectiva, a observação do estudo de Vita (1991, p. 220), que sublinha a "concepção limitada de *deliberação*" que caracteriza a construção de Rousseau no que tange às suas restrições à discussão pública, circunscrevendo-se o conceito rousseauniano às fronteiras da *decisão*, às quais se mantém reduzida a sua interpretação, se lhe escapando consequentemente "o processo de formação da vontade – individual ou coletiva", tendo em vista que "em seu sentido mais forte, *deliberação* diz respeito ao momento que precede a decisão e durante o qual o indivíduo se interroga sobre as diferentes alternativas e sobre suas próprias preferências", o que implica, pois, no momento da formação da vontade.

[10] Alcança relevância a concepção que atribui à Vontade Geral a condição que, no tocante ao indivíduo em seu aspecto jurídico e a sua essência abstrata e extratemporal, implica uma "encarnação", visto que se mantém em estado de imanência em face da consciência, conforme a perspectiva que, baseada no pensamento de Gurvitch, Derathé sublinha, analisando a analogia que, envolvendo a Vontade Geral e a consciência, impõe-se à construção rousseauniana. Dessa forma, Derathé afirma que "a vontade geral e a consciência têm traços comuns, antes de tudo, não apenas por serem 'sempre retas' e 'indestrutíveis', mas também por poderem tornar-se mudas em cada indivíduo quando as paixões ou os preconceitos falam mais forte do que elas" (Derathé, 2009, p. 347), além de assinalar que, "se, segundo Rousseau, não é 'impossível explicar o princípio imediato da consciência pelas consequências de nossa natureza', é porque, como

À abstração de um direito humano em geral, que se caracteriza, pois, como a "essência" da comunidade, o que se impõe é a concreticidade da vida histórico-cultural e econômico-social e a realidade das forças sociais em ação, ambas as quais em sua gênese traz os homens no âmbito das relações que o sistema produtivo demanda, convergindo para uma construção que seja capaz de consubstanciar os valores, as necessidades e os objetivos que se lhe estão atrelados em um processo que tende a atualizar o arcabouço político-jurídico, à medida que dialoga com a superação [11] do *instituído* e a *institucionalização* de um novo mundo ético.

---

todo impulso natural, ela deriva em todos os homens do 'amor de si mesmo'. Ora, o mesmo ocorre com a vontade geral. Ela não pode vincular-se à nossa natureza sem derivar, por sua vez, do 'amor de si', já que este é, segundo Rousseau, 'o único motivo que faz os homens agir'." (Derathé, 2009, p. 348)

[11] Eis o sentido do momento da superação, segundo Henri Lefebvre: "Na superação, o que é superado é abolido, suprimido – *num certo sentido*. Não obstante, *em outro sentido*, o superado não deixa de existir, não recai no puro e simples nada; ao contrário, o superado é elevado a nível superior. E isso porque ele serviu de etapa, de mediação para a obtenção do 'resultado' superior; certamente, a

Perfazendo o "princípio dinâmico" de uma determinada sociedade, a Vontade Geral se lhe impõe legitimidade racional, à medida que, segundo o exposto no Capítulo 3, guarda a pressuposição que implica o interesse comum como base da ordem político-social, conforme defende a leitura rousseauniana, que assinala um processo de deliberação coletiva que, não deixando de se lhe atribuir a unanimidade como necessária, se lhe mantém atrelada à generalidade virtual dos cidadãos, aos quais se torna, nesta perspectiva, passível de reconhecimento, haja vista a sua constituição identitária como tais na esfera da totalidade ético-jurídica e econômico-política ora designada como Estado. Dessa

---

etapa atravessada não mais existe em si mesma, isoladamente, como ocorria num estágio anterior (...). A superação implica, por conseguinte, um *retorno* ao passado: um aprofundamento do passado. Em cada etapa do desenvolvimento da natureza, da vida, do pensamento, o *passado é reencontrado* – mas superado e, por isso mesmo, *aprofundado, liberado de suas limitações, mais real* que no início. Esse sentido de superação deve ser longamente meditado, até que se possa captar toda a sua profundidade." (Lefebvre, 1991, p. 230-231, grifos do autor)

forma, pois, o que se impõe ao homem é o caráter coletivista (comunitarista) que, guardando correspondência com a condição característica do membro do soberano, sobrepõe-se, segundo o contrato social, ao *status* que implica o *homo oeconomicus* e converge para as fronteiras que encerram o "individualismo possessivo" [12], tendo em vista a imanência que necessariamente envolve a construção e o exercício da liberdade e a fruição da igualdade, cuja experiência não requer senão a correlação envolvendo a realidade histórico-cultural e a formação econômico-social, que se lhes subjazem e determinam.

Ao mundo do associativismo voluntário da sociedade civil, que encerra a noção que envolve a possibilidade do exercício da autonomia dos indivíduos,

---

[12] A noção que envolve "individualismo possessivo" emerge da teoria de Crawford Brough Macpherson (1911-1987), professor e sociólogo canadense, que, analisando o contratualismo proposto tanto por Hobbes como por Locke, afirma: "A essência humana é ser livre da dependência das vontades alheias, e a liberdade existe como exercício de posse." (Macpherson, 1979, p. 15)

tanto quanto da manifestação e usufruto dos seus interesses, o que se impõe é uma indiferenciação que confere equivalência às formas de cooperação, participação e voluntarismo que caracterizam a constituição e o funcionamento das empresas, sobrepondo-se à condição que assume a unidade básica da organização econômica da produção capitalista, cujo tipo de associação escapa às fronteiras em questão, à medida que não se enquadra na acepção que tem como base o voluntarismo, além de se configurar a formatação da sua vontade um processo que se circunscreve a um percentual mínimo daqueles que o perfazem, excluindo da sua elaboração os demais, que integram a maioria dos que em seu âmbito atuam.

Se as vontades individuais se impõem como a origem do poder, constituindo os seus elementos essenciais, não é senão no seu conjunto que este emerge, à medida que demanda, no que tange à comunidade, uma vontade comum, para a qual converge uma unidade que perfaz um todo que encerra, em suma, a possibilidade que implica do querer à ação, encerrando a Vontade Geral uma condição de imanência que, por esse motivo, não pode emergir senão da formação econômico-social, escapando ao caráter de uma construção cuja existência corresponda ao produto de uma relação de exterioridade, se lhe instaurada por uma esfera independente que, em suma, se lhe sobreponha[13].

---

[13] Nesta perspectiva, alcança relevância a condição atribuída à vontade como *vontade de atuar*, cujo movimento, guardando correspondência originariamente com "um princípio jurídico", converge para as fronteiras que encerram a "civilização burguesa", tendo em vista a função determinante da formação econômico-social na constituição da realidade histórico-cultural, segundo Gramsci: "As ordens actuais foram suscitadas pela vontade de actuar totalmente um princípio jurídico. Os revolucionários de 1789 não previam a ordem capitalista. Queriam actuar os direitos do homem, queriam que fossem reconhecidos aos componentes da colectividade determinados direitos. Depois do rasgão inicial da velha casca, estes foram-se afirmando, foram-se concretizando e tornados forças operativas a partir de factos, plasmaram-nos, caracterizaram-nos e daí desabrochou a civilização burguesa, a única que podia desabrochar porque a burguesia era a única energia social criadora de facto e realmente operante na história. Os utopistas foram derrotados também nessa altura porque nenhuma das suas particulares previsões se realizou. Mas realizou-se o princípio e deste

Nessa perspectiva, as vontades individuais, por si somente, não guardam capacidade suficiente, no âmbito da comunidade, para a constituição do poder senão no seu conjunto, uma vez que é este que gera a Vontade Geral, que mais do que a soma das vontades particulares se impõe como a força que sobrepõe o comum ao privado, legislando em função do público, o que implica na impossibilidade de uma correlação senão antagônica envolvendo o sistema representativo e a Vontade Geral.

Tal condição emerge tendo em vista que, perfazendo a unificação das vontades individuais, a Vontade Geral, expressando o interesse comum, não se impõe senão como a unidade que governa e sistematiza a vida humana no âmbito da organização social e cuja manifestação demanda a exclusão de qualquer tipo de mediação que, além da inviabilidade da sua tradução, subtrai ao cidadão, no que tange à totalidade ético-jurídica e econômico-política, o poder de constituição da forma institucional

---

floriram as ordenações actuais, a ordem actual." (Gramsci, 1976, pp. 114-115)

que se lhe tem como conteúdo *real* e com a qual não pode manter uma relação de exterioridade, sob pena de destituir o Estado da vitalidade que o seu funcionamento requer como a encarnação da *universalidade concreta*. Demandando uma igualdade que, sobrepondo-se ao caráter formal, converge para as fronteiras econômicas, e dialogando com o processo que guarda possibilidade de que o produto das riquezas, constituindo um patrimônio que traz como origem uma construção coletiva, seja distribuído de forma que todos se lhe tenham acesso real, se lhe usufruindo, pois, igualitariamente[14], a saber, o sistema

---

[14] Cabe registrar, nessa perspectiva, a crítica de Proudhon acerca do referido desequilíbrio econômico-social: "Se o trabalho é a fonte de toda a riqueza, se é o guia mais seguro para seguir-se a história dos estabelecimentos humanos sobre a face do globo, *como a igualdade na distribuição, a igualdade na medida do trabalho, não seria uma lei*?
Se, ao contrário, existem riquezas que não provêem do trabalho, como a posse destas riquezas é um privilégio? Qual é a legitimidade do monopólio? Que se exponha pois, de uma vez por todas, esta teoria do direito ao consumo improdutivo, esta jurisprudência do bel-prazer, esta religião da ociosidade, prerrogativa sagrada de uma casta de eleitos!" (Proudhon, 2003, p. 173, grifos meus)

autogestionário[15], a emergência da Vontade Geral não pressupõe senão uma relação dialética que abrange a base material, que envolve a atividade produtiva, e a esfera ética, que corresponde ao exercício da cidadania plena e ativa participação política[16]. O processo em questão implica, como expressão do bem comum, a superação da tendência à ruptura que se manifesta entre o Estado e a sociedade civil no que tange ao poder que,

---

[15] Nesta perspectiva, convém salientar a correlação envolvendo liberdade e igualdade que, consistindo na base da autogestão, a leitura proudhoniana estabelece: "A associação livre, a liberdade que se limita a manter a igualdade nos meios de produção e a equivalência nas trocas é a única forma possível de sociedade, a única justa, a única verdadeira." (Proudhon, 1975, p. 247)

[16] Consistindo na apropriação do patrimônio socialmente construído, tanto quanto na atualização das potencialidades de realização humana disponibilizadas em cada contexto historicamente determinado, o conceito de cidadania guarda raízes nas fronteiras que encerram a ideia de soberania popular, implicando a emergência efetiva das condições sociais e institucionais capazes de possibilitar ao conjunto dos cidadãos a participação ativa na formação do governo e, consequentemente, no controle da vida social, convergindo o seu caráter "pleno" para um processo que envolve o exercício dos direitos nas esferas civil, política e social, segundo o contributo do sociólogo britânico T. H. Marshall.

caracterizando-se como o próprio povo enquanto tal, supõe uma soberania cujo exercício se sobrepõe à forma representativa e demanda uma prática direta[17].

---

[17] Tendo em vista a perspectiva que sublinha que "cada um, determinando-se livremente por adesão ao que compreende ser o melhor para si mesmo, encontra todos os outros sujeitos racionais para ajustar livremente a instituição do mesmo contrato que realiza a Vontade Geral. Assim, todos os membros do corpo social se dão a si mesmos (criam contratualmente) uma lei geral (e isso será a autonomia) que os organiza sem gerar entre eles diferenças de poder, num sistema federal cuja 'circunferência está em toda parte, o centro em parte alguma'." (Guillerm; Bourdet, 1976, p. 52)

CAPÍTULO 1[18]

DA PROPRIEDADE COMO FUNDAMENTO ÉTICO-JURÍDICO E ECONÔMICO-POLÍTICO EM LOCKE

Se a existência humana no estado de natureza se mantém sob a égide do *poder moral* que, em função do direito natural, se lhe é imposto, o caráter condicional que carrega demanda a instauração da sociedade política e de um *poder institucional individualizado* (estatal) que atenda à necessidade de *garantia jurídica específica*, encarnando a coercibilidade através de um exercício delimitado pela condição de liberdade dos indivíduos como membros do Estado cujo governo, circunscrito objetivamente ao *bem público*, não tem autorização de

---

[18] O referido capítulo é constituído por trechos que integram o conteúdo do artigo intitulado *A propriedade como fundamento ético-jurídico e econômico-político em Locke*, publicado em **Hendu – Revista Latino-Americana de Direitos Humanos**, ISSN 2236-6334, v. 6, n. 2, p. 87-102, dez. 2015, e pela **Revista Húmus**, ISSN 2236-4358, v. 6, n. 17, ago. 2016, São Luís – MA, Brasil.

gerir, reger, dirigir o âmbito que encerra o que se lhes é *próprio*, a saber, a sua particularidade em si, a sua singularidade como tal.

A instauração da sociedade política atende à necessidade que envolve a instituição da coercibilidade concernente às leis naturais através do estabelecimento de um *poder institucional individualizado* que guarde capacidade de se impor aos indivíduos pelo exercício do constrangimento, cuja força emerge da autorização contratual e traz o consentimento da *maioria* como fundamento da sua atualização[19].

Nessa perspectiva, o *Direito válido igualmente para todos* não se impõe senão às prerrogativas dos homens como proprietários de bens (fortunas), cuja condição possibilita a construção de individualidades que juridicamente alcançam primazia em detrimento dos

---

[19] Tendo em vista que "os homens são pouco inclinados para a razão e contornam a obrigação da lei natural, quando não a ignoram pura e simplesmente." (Michaud, 1991, p. 26)

demais membros da sociedade que em face da privação do referido patrimônio permanecem relegados à inferioridade em um sistema filosófico-político que tende a justificar tal desigualdade em função das diferenças físicas, intelectuais e morais dos indivíduos e em virtude da sua conduta em relação ao fundamento ético-jurídico e econômico-político estabelecido[20].

Se o trabalho implica um processo que encerra a transformação da posse em propriedade[21], o resultado

---

[20] Eis o argumento de Locke acerca da atribuição de primazia de alguns indivíduos em detrimento de outros em sua teoria: "Embora eu tenha dito anteriormente que, por natureza, todos os homens são iguais, não se pode supor que eu me referisse a todos os tipos de igualdade. A idade ou a virtude podem dar aos homens uma precedência justa. A excelência dos talentos e dos méritos pode colocar alguns acima do nível comum. O nascimento pode sujeitar alguns, e a aliança ou os benefícios podem sujeitar outros, reconhecendo-se aqueles a quem a natureza, a gratidão ou outros aspectos possam obrigar." (Locke, 2001, VI, § 54, p. 114)

[21] "Ainda que a terra e todas as criaturas inferiores pertençam em comum a todos os homens, cada um guarda a propriedade de sua própria pessoa; sobre esta ninguém tem qualquer direito, exceto ela. Podemos dizer que o trabalho de seu corpo e a obra produzida por suas mãos são propriedade sua. Sempre que ele tira um objeto do

para o qual converge tal investimento, longe de se restringir à satisfação de seus carecimentos, tende a multiplicá-los incessantemente em uma reação em cadeia que demanda a ampliação das forças de produção que, trazendo o material humano como fator indispensável, atribui aos indivíduos uma condição de antagonismo irremediável, implicando uma oposição que guarda complementariedade em um movimento que culmina na subjugação dos trabalhadores que, em face da

---

estado em que a natureza o colocou e deixou, mistura nisso o seu trabalho e a isso acrescenta algo que lhe pertence, por isso o tornando sua propriedade" (Locke, 2001, V, § 27, p. 98). Eis o argumento de Locke que, atribuindo ao trabalho a capacidade de realizar a transposição da *posse comum* da terra para a *propriedade privada*, torna dispensável o consentimento de todos os demais indivíduos, contrapondo-se à perspectiva de Filmer, que caracteriza como inviável tal operação: "Certamente seria uma rara felicidade que, em um instante do tempo, todos os homens no mundo concordassem juntos em uma ideia de mudar a comunidade natural de todas as coisas em domínio privado. Pois sem tal consentimento unânime não seria possível alterar a comunidade. Basta que um homem no mundo dissentisse para que a alteração tivesse sido injusta, porque este homem tinha o direito ao uso comum de todas as coisas no mundo pela lei da natureza, de modo que dar a propriedade de algo a alguém teria sido roubá-lo de seu direito ao uso comum de todas as coisas." (Filmer, 1991, p. 234)

necessidade de autoconservação, são induzidos pela lógica da organização econômico-social à alienação da sua capacidade de produção, perfazendo um contexto que os relega à margem do sistema político, se lhes negando cidadania e antes racionalidade[22].

> Um dos pressupostos do trabalho assalariado e uma das condições históricas do capital é o trabalho livre e a troca de trabalho livre por dinheiro, com o objetivo de reproduzir o dinheiro e valorizá-lo; de o trabalho ser consumido pelo dinheiro — não como valor de uso para o desfrute, mas como valor de uso para o dinheiro. Outro pressuposto é a separação do trabalho livre das condições objetivas de sua efetivação — dos meios e do material do trabalho.[23]

Nesta perspectiva, a invenção do dinheiro emerge como produto do consentimento tácito dos indivíduos no

---

[22] Tendo em vista a perspectiva que assinala que somente os proprietários de bens ou fortunas "têm pleno interesse na preservação da propriedade, e apenas esses são integralmente capazes de vida racional – aquele compromisso voluntário para com a lei da razão – que é a base necessária para a plena participação na sociedade civil." (Macpherson, 1979, p. 260)

[23] Marx, 1985, p. 65.

estágio pré-cívico, convergindo para possibilitar a ilimitada acumulação de propriedades (terras) que, engendrando o trabalho assalariado[24] e a divisão de classes, contribui para converter as diferenças físicas, intelectuais e morais em desigualdades que o contrato de Locke tende a legitimar, à medida que institui o Estado *jurídico*, que assegura o exercício dos direitos naturais aos seus membros desde que os tais sejam também cidadãos cuja condição, no sistema filosófico-político em questão, demanda não somente a titularidade do corpo, da vida, da liberdade, senão inclusive – e principalmente - de bens (fortunas), sem os quais não podem eleger os representantes e magistrados que hão de compor o governo.

---

[24]Conforme esclarece Macpherson, a invenção do dinheiro possibilita a aquisição de propriedades e o seu acúmulo pelos indivíduos, acarretando um desequilíbrio econômico-social, à medida que institucionaliza o "trabalho assalariado", pois "numa economia comercial em que toda a terra está apropriada, implicava na existência de trabalho assalariado." (Macpherson, 1979, p. 229)

As condições jurídicas da sociedade civil - enquanto constituída por membros dentre os quais aos cidadãos cabem a eleição dos que hão de elaborar em seu nome a legislação -, não consistem senão no fundamento da sujeição do poder ao direito, convergindo para uma relação envolvendo o povo e o Estado, a sociedade civil e o governo civil, que implica a subordinação deste último à lei que representa para o primeiro a própria condição de existência.

Da propriedade como fundamento ético-jurídico e econômico-político em Locke
à vontade geral e o sistema autogestionário em Rousseau
Luiz Carlos Mariano da Rosa

I PARTE

A PROPRIEDADE COMO BASE DAS RELAÇÕES INTERINDIVIDUAIS: O FUNDAMENTO ÉTICO-LÓGICO DA TRANSIÇÃO DO ESTADO DE NATUREZA PARA O ESTADO CÍVICO

Ao direito natural, no âmbito do estado de natureza, a despeito da sua *validade por si*, o que cabe é uma experiência que escapa à coercibilidade do *poder institucional individualizado* e à objetividade conferida pela positividade jurídica, à medida que permanece sob a égide pré-categorial, o que implica a necessidade da sua corporificação em juízos normativos, cuja sistematização encerra um conteúdo originário que se impõe às relações interindividuais e torna-se passível de promulgação pelo legislativo no processo de transição para o estado cívico, convergindo para a formalização de valorações jurídicas.

As obrigações da lei da natureza não se extinguem na sociedade, mas em muitos casos elas são delimitadas mais estritamente e devem ser sancionadas por leis humanas que lhes anexam penalidades para garantir seu cumprimento. Assim, a lei da natureza impõe-se como uma lei eterna a todos os homens, aos legisladores como a todos os outros.[25]

Oriunda de Deus, à lei natural[26], segundo a teoria de Locke, o que se impõe, caracterizando-a como tal, é o poder de execução que, no estado de natureza, cabe ao indivíduo levar a efeito diante da ruptura da sua condição de paz em face da possibilidade de risco envolvendo a preservação tanto de si mesmo como dos outros. Se a lei natural[27] implica o dever envolvendo a preservação tanto

---

[25] Locke, 2001, XI, § 135, p. 164.

[26] Nesta perspectiva, alcança relevância a observação de Strauss: "A condição em que o homem vive no estado de natureza – os 'perigos contínuos' e a 'penúria' – impossibilita o conhecimento da lei natural: no estado de natureza a lei natural não é promulgada. Como a lei natural, para ser uma lei no sentido próprio do termo, tem de ser promulgada no estado de natureza, somos uma vez mais forçados a concluir que a lei natural não é uma lei no sentido próprio do termo." (Strauss, 2009, p. 194)

[27] Convém assinalar a indefinição de Locke no sentido de estabelecer o fundamento da "força da obrigação" da lei natural, tendo em vista que "permanece dividido entre uma concepção voluntarista nominalista da lei natural e uma posição ontológica intelectualista", à

de si próprio como dos outros, à medida que não encerra senão a necessidade de manutenção da paz e de conservação do gênero humano, ao estado de natureza a teoria de Locke atribui um caráter social, tendo em vista a incompatibilidade entre as regras morais da lei natural e um hipotético estado de confronto ininterrupto entre os homens.

Se à razão humana o que se impõe é a capacidade de orientação que implica a correlação envolvendo necessidade e utilidade no que concerne ao seu ser, constituindo-se a sua aplicação a lei natural propriamente, guardando anterioridade em relação a todos os deveres, o desejo e a busca da felicidade consistem em um direito absoluto, um direito natural que, segundo a teoria de Locke, emerge como universalmente efetivo,

---

medida que se a primeira consiste em "uma submissão à vontade superior detentora das sanções do além", a segunda implica o "reconhecimento intelectual da ordem das coisas", convergindo para a conclusão de que se àquela "ameaça abalar o aspecto natural e racional da lei 'natural'", esta última "enfraquece a pressão da lei, ao mesmo tempo em que a torna mais 'natural'." (Michaud, 1991, p. 25)

constituindo-se o fundamento da lei natural, visto que se esta última não se caracteriza como inata, o referido direito é inerente[28]. Se a realização da felicidade depende da vida, pressupondo-a, a possibilidade de uma oposição entre a busca da felicidade e o desejo de vida atribui a este último preeminência, convergindo a autopreservação para as fronteiras que encerram uma necessidade natural, que se lhe implica a condição de um direito fundamental, que se sobrepõe a todos os outros.

Nessa perspectiva, se o direito natural pressupõe equilíbrio nas relações econômico-sociais, no intercâmbio

---

[28] "O desejo de felicidade e a prossecução da felicidade têm o carácter de um direito absoluto, de um direito natural. Há, então, um direito natural inato, ao passo que não há qualquer dever natural inato. Para compreender como isso é possível, basta reformular a nossa última citação: a prossecução da felicidade é um direito, 'tem de ser permitido', porque 'não pode ser impedido'. Trata-se de um direito que precede os deveres pela mesma razão que, segundo Hobbes, estabelece o direito de preservação de si mesmo como o facto moral fundamental: tem de se permitir que o homem defenda a sua vida contra a morte violenta porque é levado a fazê-lo por uma certa necessidade natural semelhante à que arrasta uma pedra que cai." (Strauss, 2009, p. 194)

de bens ou propriedades (no caso em que há um comércio que envolva o trabalho) entre dois ou mais membros da sociedade, a injustiça demanda uma *compensação* proporcional ao prejuízo, correspondente ao dano, tendo em vista a necessidade de "reparação" de uma ação que, contrariando as leis naturais, nega o princípio de *igualdade moral* e acarreta uma *dívida*, outorgando à vítima ou aos demais homens direta ou indiretamente envolvidos na situação o poder de corrigir o *erro*, penalizando o infrator, o que implica um consentimento implícito ou explícito e uma convenção neste sentido.

Se a justiça, nessa perspectiva, baseada no direito natural, guarda raízes nas fronteiras que encerram a noção de *ordem* ou *medida*, correspondendo à condição originária do homem, a injustiça emerge como um desequilíbrio instaurado no comércio envolvendo bens ou propriedades que pressuponha uma alteração incompatível com o princípio da *igualdade moral* que resulte em um excesso para uma das partes em detrimento da outra.

Sobrepondo-se ao Estado enquanto forma institucional que advém através do contrato que instaura a sociedade civil e o governo civil, o indivíduo singular tem valor em si mesmo, o que implica a primazia dos direitos em relação aos deveres em um sistema filosófico-político que encerra como fim da ordem político-social a criação de condições que possibilitem o desenvolvimento máximo da individualidade, convergindo a satisfação das suas necessidades e a conquista da felicidade para as fronteiras que perfazem o fundamento da noção de justiça.

Se a lei natural (original) autoriza a apropriação de terras, ouro e prata, entre outras coisas, segundo a sua capacidade de trabalho e de acordo com os meios e recursos de utilização que dispõe o indivíduo, e se a invenção do dinheiro contribui para tornar ilimitado tal processo, resultando na acumulação de riquezas em detrimento dos demais[29], a instituição da sociedade política converge para a delimitação das obrigações da lei natural, o que implica que, em função da equidade, o direito de propriedade individual esteja atrelado à necessidade e não à possibilidade de uso, tendo em vista as múltiplas formas que pode assumir como objeto (mercadoria) nas relações de troca, acarretando efeitos econômico-sociais incontroláveis e incontornáveis[30].

---

[29] Sobrepondo-se à possibilidade de uma discordância em relação à instituição do dinheiro e à medida de valor estabelecida através do consentimento, Locke justifica a "posse desproporcional e desigual da terra", afirmando que "através de um consentimento tácito e voluntário, eles descobriram e concordaram em uma maneira pela qual um homem pode honestamente possuir mais terra do que ele próprio pode utilizar seu produto, recebendo ouro e prata em troca do excesso, que podem ser guardados sem causar dano a ninguém; estes metais não se deterioram nem perecem nas mãos de seu proprietário. Esta divisão das coisas em uma igualdade de posses particulares, os homens tornaram praticável fora dos limites da sociedade e sem acordo, apenas atribuindo um valor ao ouro e à prata, e tacitamente concordando com o uso do dinheiro." (Locke, 2001, V, § 50, p. 111)

[30] Se a lei natural autoriza a apropriação de terras, ouro e prata correspondente à possibilidade de uso, tendo em vista a ilimitada prodigalidade da natureza e a necessidade que envolve a sua

Guardando correspondência com a *igualdade*, que longe de consistir naquilo que exclui as diferenças físicas, intelectuais e morais, a saber, uma identidade, emerge como um valor moral, a *liberdade*, segundo a teoria de Locke, sobrepondo-se à limitação imposta pelos direitos dos outros indivíduos, pressupõe uma relação de dependência recíproca e responsabilidade mútua que a necessidade do exercício do direito de propriedade não pode contradizer sob pena de tornar paradoxal a autodeterminação da subjetividade e a auto-obrigação da objetividade, tendo em vista a ilimitada apropriação de terras que implica a capacidade de usar meios e recursos no sentido de se lhe conferir um *status* produtivo que demanda, consequentemente, a admissão do trabalho assalariado, ou antes, a possibilidade que envolve a

---

conservação, além do fato de que o ouro e a prata não possuíam valor em si, em face da escassez dos referidos bens que caracteriza a transição do estado de natureza para o estado cívico, convém destacar que "seria, portanto, de esperar que a lei natural original tivesse sido substituída por regras que impusessem restrições muito mais apertadas à apropriação do que as que existiam no estado de natureza." (Strauss, 2009, p. 205)

alienação daquilo que é *próprio* ao homem em função da sua autoconservação (a saber, o corpo, a vida, o trabalho, a liberdade), convergindo para a divisão social do trabalho, o trabalho assalariado e a divisão de classes em um processo de hierarquização que tende a negar as premissas que fundamentam a referida concepção[31].

---

[31] Conforme exemplifica a exposição que Locke desenvolve acerca da condição de servidão atribuída tanto ao trabalhador assalariado como ao escravo, entre os quais institui uma relação de identidade, distinguindo-os daquele que se lhes guarda preeminência, a saber, o senhor: "Senhor e servo são nomes tão antigos quanto a história, mas dados a indivíduos de condições bem diferentes; um homem livre torna-se servidor de outro quando lhe vende um certo tempo de serviço que realiza em troca de um salário que deve receber; e embora isso em geral o coloque dentro da família de seu senhor e recaia sob o jugo da disciplina geral que a comanda, isso proporciona ao senhor um poder temporário sobre ele, mas não maior que aquele contido no contrato entre eles. Mas há uma outra categoria de servidores, a que damos o nome particular de escravos, que, sendo cativos aprisionados em uma guerra justa, estão pelo direito de natureza sujeitos à dominação absoluta e ao poder absoluto de seus senhores. Como eu disse, estes homens tiveram suas vidas capturadas, e com elas suas liberdades, perderam seus bens – e estão, no estado de escravidão, privados de qualquer propriedade – e não podem nesse estado não poder ser considerados parte da sociedade civil, cujo principal fim é a preservação da propriedade." (Locke, 2001, VII, § 85, pp. 131-132)

Da propriedade como fundamento ético-jurídico e econômico-político em Locke
à vontade geral e o sistema autogestionário em Rousseau
Luiz Carlos Mariano da Rosa

II PARTE

A PROPRIEDADE COMO BASE DO SISTEMA JURÍDICO-POLÍTICO: DO DIREITO NATURAL AO DIREITO POSITIVO E A CAPACIDADE DE AUTODETERMINAÇÃO E DE AUTO-OBRIGAÇÃO DO INDIVÍDUO

> Assim, a liberdade de um homem e sua faculdade de agir segundo sua própria vontade estão fundamentadas no fato dele possuir uma razão, capaz de instruí-lo naquela lei pela qual ele vai ser regido, e fazer com que saiba a que distância ele está da liberdade de sua própria vontade.[32]

Se o direito natural caracteriza-se como racional, consistindo a possibilidade envolvendo o seu conhecimento no resultado de um processo que demanda o exercício da reflexão, o que se impõe às leis naturais é uma experiência que converge para as fronteiras que encerram um viés "histórico", à medida que a sua objetividade ética escapa à relação imediata

---

[32] Locke, 2001, VI, § 63, p. 119.

entre os homens e o mundo pressuposta na condição de existência do estado de natureza, a despeito da imanência que carrega, tendo em vista que a correspondência em questão atrela determinação e consciência, perfazendo uma auto-obrigação que em face da "positividade" da particularidade tende a anular os efeitos da negatividade na elaboração da *forma necessária* que cabe à *vontade moral* em seu movimento de exteriorização.

Nesta perspectiva, o que se impõe é a primazia da natureza em relação ao artifício representado pela sociedade política que, tendo como fundamento uma convenção, não guarda capacidade de atender às necessidades humanas senão correspondendo aos princípios, valores e fins que se lhe mantém anterioridade, a saber, aqueles que constituem as leis naturais e que sob a condição de imanência demandam a atividade reflexiva para o seu conhecimento como tais, a consciência, a vontade moral.

Subtrair o direito natural da condição de fundamento da legislação positiva e antes da vontade moral converge para as fronteiras que implicam a institucionalização de noções múltiplas e contraditórias envolvendo o bem e o mal, o justo e o injusto, seja no âmbito das relações intercomunitárias, intergrupais, seja na esfera das relações interindividuais, convergindo para a impossibilidade da sociabilidade senão sob a égide de um poder institucional absoluto *à La* Hobbes que através do monopólio da força e da coercibilidade guarde capacidade de instaurar o *Direito objetivamente válido*.

A necessidade da existência de um conceito do *jurídico* que possibilite a distinção e o conhecimento do *fato jurídico* – eis o que se impõe à concepção que atribui aos valores a condição de um produto da civilização, tendo em vista que, a despeito daqueles que guardam correspondência com a experiência histórica, torna-se relevante o *valor da pessoa humana* que, emergindo como *princípio da ideia do justo* (*valor-fonte*), consiste em um pressuposto dos ordenamentos jurídicos, fundamentando o processo da ordem jurídica positiva, à medida que a condição da própria experiência jurídica se lhe está imbricada.

Se a adesão ao direito natural e às suas leis não se caracteriza senão como convencional no estado de natureza, a instituição da sociedade civil e do poder político converge para assegurar, mediante a concepção hobbesiana da soberania estatal, a possibilidade de obediência dos indivíduos que através do contrato se tornaram seus membros, perfazendo o sistema filosófico-político de Locke uma construção que dissimula a arbitrariedade, à medida que confere supremacia a um poder (legislativo[33]) que, representando a sociedade, é

---

[33] Nesta perspectiva, alcança relevância a interpretação de Pierre Manent que, atribuindo ao poder legislativo a condição de "prolongamento do desejo individual de preservação", supõe que "é por exprimir diretamente o desejo de conservação da *propriedade*, razão de ser da instituição política, que ele é soberano ou 'supremo'." (Manent, 1990, p. 79, grifo meu)

constituído por indivíduos eleitos pelos cidadãos[34], a saber, aqueles que são proprietários, na acepção da palavra, proprietários, não no sentido da titularidade de um patrimônio que jamais estará em questão (corpo, vida, trabalho) senão segundo a noção do bem concreto passível de disputa e cuja posse define e fundamenta a formação econômico-social e jurídico-política: a terra como meio de produção.

Prescindindo de *garantia jurídica específica*, o que se impõe ao direito natural é uma condição que se circunscreve às fronteiras que implicam a segurança, a responsabilidade, a caução social, cuja coercibilidade não

---

[34] Conforme esclarece Macpherson, que afirma que "o direito a uma voz nas eleições não era inerente a todos, porque nem todos haviam preservado aquela parte da sua liberdade humana que consistia na propriedade do próprio trabalho. O sufrágio era necessário e podia ser reivindicado somente pelos que haviam preservado essa propriedade, e cuja vida econômica por conseguinte era de empreendimentos vivos. (...) Os assalariados e os mendigos, tendo perdido a propriedade do seu próprio trabalho – poderíamos supor – não tinham propriedades. Portanto, não tinham interesse, em nenhuma das funções do governo: nem na primordial, nem na secundária, igualmente necessária." (Macpherson, 1979, p. 156)

transpõe o caráter relativo, tornando condicional a sua obrigação, demandando a instituição de um poder[35] que, instaurando o Direito Positivo, seja capaz de exercer a coação jurídica destinada a realizá-lo através de um processo que não comprometa a liberdade e a igualdade dos indivíduos, tendo-os como a sua origem e fim.

A capacidade de autodeterminação e de auto-obrigação do indivíduo demanda que no processo de transição do estado natural para o estado cívico a instituição da sociedade política e do poder de legislar, tendo como fundamento o direito natural, guarde a pressuposição de uma *concessão* ou *reconhecimento* de uma autonomia relativa cujo objetivo não envolve senão a definição de uma *garantia jurídica* em face de um conteúdo pré-existente que consiste na matéria-prima do Direito Positivo, conferindo validade às leis positivas ou

---

[35] "Os direitos naturais não têm força: é indispensável constituir um poder que os enuncie e formalize – que lhes dê *força de lei* – e que imponha sua efetividade (mediante a coerção)." (Châtelet; Duhamel; Pisier-Kouchner, 1990, p. 59, grifos do autor)

civis ora promulgadas, à medida que as condiciona e delimita.

Da propriedade como fundamento ético-jurídico e econômico-político em Locke
à vontade geral e o sistema autogestionário em Rousseau
Luiz Carlos Mariano da Rosa

III PARTE

A PROPRIEDADE COMO BASE DA EXISTÊNCIA HISTÓRICO-CULTURAL: DA "UTILIDADE" NO PRINCÍPIO DE APROPRIAÇÃO À MAXIMIZAÇÃO DA "UTILIDADE" NA ACUMULAÇÃO ILIMITADA

"Tudo o que um homem pode utilizar de maneira a retirar uma vantagem qualquer para sua existência sem desperdício[36], eis o que seu trabalho pode fixar como sua propriedade"[37]. O trabalho que instaura o processo que transforma a posse em propriedade não consiste senão no momento da *igualdade moral* dos homens em sua condição originária no estado de natureza, perfazendo tal

---

[36] Detendo-se no argumento do *desperdício*, eis a crítica de Strauss: "A lei natural em matéria de propriedade atenta na prevenção do desperdício; ao apropriar-se de coisas através do seu trabalho, o homem tem de pensar exclusivamente na prevenção do desperdício; não tem de pensar nos outros seres humanos. *Chacun pour soi; Dieu pour nous tous.*" (Strauss, 2009, p. 203)

[37] Locke, 2001, V, § 31, p. 100.

investimento na aplicação dos atributos e recursos pessoais em função do referido objetivo, o que implica um movimento que pressupõe uma liberdade condicionada pelo exercício da capacidade de correlacionar meios e fins através de esquemas que divergem entre os indivíduos em virtude das diferenças físicas, intelectuais e morais que se lhes distinguem e tendem a se lhes guardar possibilidade de proporcionar diversos resultados, haja vista que

> embora as coisas da natureza sejam dadas em comum, o homem, sendo senhor de si mesmo e proprietário de sua própria pessoa e das ações de seu trabalho, tem ainda em si a justificação principal da propriedade; e aquilo que compôs a maior parte do que ele aplicou para o sustento ou o conforto de sua existência, à medida que as invenções e as artes aperfeiçoaram as condições de vida, era absolutamente sua propriedade, não pertencendo em comum aos outros.[38]

Pré-existente ao estado civil, ao direito de propriedade cabe o equilíbrio entre liberdade e igualdade

---

[38] Locke, 2001, V, § 44, p. 108.

em uma relação que, implicando não somente a terra, mas a vida, o corpo, o trabalho, não converge senão para um resultado que permanece supostamente sob a égide de um sistema ético-lógico que guarda caráter de imanência no que concerne à existência humana e se lhe determina o destino histórico-cultural, sobrepondo-se às condições objetivas da vida econômico-social, que corresponde a uma realidade que traz subjacente um processo no âmbito do qual a produção humana carrega a imbricação que envolve uma inter-relação de fatores que escapam à regularidade de um conjunto de causas e efeitos cujos princípios, inexoráveis, segundo a teoria de Locke, são capazes de condicionar a interação que abrange homem-natureza.

"Na origem da propriedade está, não a sociedade, mas o indivíduo - o indivíduo incentivado apenas pelo seu interesse próprio"[39]. Consistindo em um direito que

---

[39] Strauss, 2009, p. 202.

atribui aos indivíduos uma condição que encerra segurança e estabilidade, a propriedade, segundo a teoria de Locke, caracterizando-se como passível de acumulação[40], converge para as fronteiras que encerram a divisão do trabalho e a divisão de classes em um sistema filosófico-político que estabelece a hierarquização dos homens que, classificados em virtude do suposto resultado obtido através do uso das suas capacidades e recursos físicos, intelectuais e morais, tornam-se opositores, à medida que nas relações produtivas, cada qual, proprietários e não proprietários, precisa atender interesses contraditórios em um antagonismo que sobrepõe, ético-juridicamente e político-economicamente, os primeiros aos últimos, engendrando uma desigualdade

---

[40] Tendo em vista o argumento que defende que sendo "possível trocar qualquer quantidade de produto por capital ativo, que nunca deteriora, não é injusto nem insensato acumular qualquer quantidade de terra, de modo a fazê-la produzir um excedente que possa ser convertido em dinheiro e usado como capital. A limitação do desperdício imposta pela lei natural foi tornada sem efeito respectivamente à acumulação de terras e de capital (...)." (Macpherson, 1979, p. 220)

incompatível com o princípio da perspectiva empregada, tendo em vista que, além de expor o tipo de racionalidade envolvida (a saber, instrumental), assinala a insegurança e a instabilidade que afetam ambas as partes, ao contrário do preconizado no início.

Se em um momento a produção se circunscreve ao consumo pessoal, a acumulação de terras demanda a divisão do trabalho, convergindo a troca entre indivíduos para a organização de um sistema econômico-social que, trazendo a emergência do dinheiro e do comerciante, tende a instaurar relações segundo a *necessidade imanente* e as *leis internas* que o perfazem como tal e cuja regulação guarda correspondência com o estágio de desenvolvimento de uma determinada forma de produção em um processo que encerra a força de trabalho como objeto de troca e consumo, atribuindo ao homem a condição de simples mercadoria[41].

---

[41] Consistindo, segundo Locke, na "propriedade da pessoa humana enquanto sujeito de direitos naturais ou inatos ou racionais puros,

Da propriedade como fundamento ético-jurídico e econômico-político em Locke
à vontade geral e o sistema autogestionário em Rousseau
Luiz Carlos Mariano da Rosa

Atribuindo a condição de propriedade não apenas às posses de terras, mas também ao trabalho em si, além do corpo e da vida, o sistema filosófico-político de Locke dissimula a desigualdade através da "igualdade de relações" de *indivíduos abstratos* em um sistema jurídico-político que encerra uma *liberdade* que guarda proporcionalidade, contudo, à posição ocupada e à função cumprida na hierarquia da organização econômico-social, que por sua vez traz como determinação a riqueza material cuja base não se caracteriza senão pelo monopólio dos meios de produção e pela capacidade empregada na sua utilização no sentido

---

que antecedem à constituição (histórica) do homem em sociedade", o trabalho, esclarece Galvano Della Volpe, guardando a acepção de "propriedade-direito" da pessoa humana, fundamenta filosoficamente a "concepção econômica burguesa da força de trabalho como algo de privado, ocasião, portanto, de relações de indivíduo a indivíduo, e numa palavra objeto de troca, mercadoria (e não apenas a base da propriedade privada da terra trabalhada, segundo Locke)." (Della Volpe, s.d., pp. 31-32)

de multiplicar o patrimônio financeiro, aumentando-o progressivamente para o *bem-estar geral*[42].

Guardando possibilidade de resultar em um desequilíbrio econômico-social, a ilimitada apropriação de terras provoca um desajuste que tende ao agravamento em função da invenção do dinheiro, à medida que converge para a instauração do monopólio das riquezas – e se o consentimento viabiliza tal condição, legitimando a desigualdade, a sua negação poderia ter

---

[42] Tendo em vista a perspectiva que assinala que "aquele que se apropria da terra por meio de seu trabalho não diminui, mas aumenta a reserva comum da humanidade. Pois as provisões que servem para o sustento da vida humana, produzidas por um acre de terra cercado e cultivado, são dez vezes maiores que aquelas produzidas por um acre de terra de igual riqueza, mas inculta e comum. Por isso, pode-se dizer que aquele que cerca a terra e retira de dez acres uma abundância muito maior de produtos para o conforto de sua vida do que retiraria de cem acres incultos, dá na verdade noventa acres à humanidade" (Locke, 2001, V, § 37, p. 104). Eis o princípio que se impõe à noção de *bem-estar geral*, segundo a teoria de Locke que, estabelecendo uma relação envolvendo a primazia da *terra cultivada* diante da *terra inculta*, converge para a transposição que implica a *propriedade privada* e a *propriedade comum*.

interrompido um processo que, embora logicamente contrário ao direito natural[43], adquire base jurídica através do contrato de Locke que, dessa forma, multiplica as desigualdades, tendo em vista a necessidade dos "despossuídos" de realizarem, em nome da sua autoconservação, a *alienação* de tudo aquilo que jamais deveria ter sido colocado em jogo, a saber, a vida, o corpo, o trabalho.

Se a cidadania e os direitos políticos que competem à sua condição permanecem sob o poder dos proprietários de bens e posses, que perfazem uma *minoria* em relação à sociedade civil e aos seus membros, é o sistema representativo que possibilita que os seus interesses obtenham o consentimento da *maioria*, tornando-se fundamento para a promulgação da

---

[43] Tendo em vista que no estado de natureza "a lei natural podia permanecer em silêncio quanto aos interesses e necessidades dos outros homens porque essas necessidades eram supridas pela 'nossa mãe comum'; por mais que um homem com o seu trabalho apropriasse, havia o 'suficiente e igualmente bom em comum para os outros'." (Strauss, 2009, p. 203)

legislação que, destinada à totalidade político-social, beneficia somente os "representados", os "eleitores", em detrimento dos demais que, constituindo a maioria, comporão o conjunto dos governados, tendo em vista que

> a classe operária, não tendo fortunas, está submetida à sociedade civil, mas dela não faz parte. (...) A ambiguidade com relação a quem é membro da sociedade civil em virtude do suposto contrato original permite que Locke considere todos os homens como sendo membros, com a finalidade de serem governados, e apenas os homens de fortuna para a finalidade de governar.[44]

Atribuindo a condição de cidadania aos proprietários de bens e posses, a teoria de Locke exclui os não proprietários de bens materiais do processo jurídico-político que determina o destino do Estado, relegando os tais às fronteiras da esfera econômico-social e à função produtiva em um sistema que, dessa forma, corresponde à hierarquia que encerra a distinção entre as

---

[44] Macpherson, 1979, p. 260.

individualidades, sobrepondo as individualidades dos proprietários às individualidades dos não proprietários, negando-as, convergindo para conferir ao "ter" preeminência em relação ao "ser" através de uma lógica que torna a racionalidade causa e efeito deste princípio de avaliação[45].

Nessa perspectiva, à cidadania, segundo o sistema filosófico-político de Locke, o que se impõe é uma condição atribuída aos "proprietários" de bens ou fortunas, aos ricos, que se sobrepõem aos não proprietários (a saber, os trabalhadores), aos pobres, aos quais, relegados à margem do governo como tão somente

---

[45] Nesta perspectiva, convém recorrer a descrição de Locke da condição da existência humana antes do processo de instauração da propriedade privada: "Dotados de faculdades similares, *dividindo tudo em uma única comunidade da natureza*, não se pode conceber que exista entre nós uma 'hierarquia' que nos autorizaria a nos destruir uns aos outros, como se tivéssemos sido feitos para servir de instrumento às necessidades uns dos outros, da mesma maneira que as ordens inferiores da criação são destinadas a servir de instrumento às nossas." (Locke, 2001, II, § 6, p. 84, grifos meus)

membros da sociedade civil[46], cabem cumprir o papel destinado à construção das riquezas em uma formação econômico-social que tende a tornar abstrata a igualdade, à medida que, não correspondendo à concreticidade histórico-cultural e econômico-social, converge para uma liberdade que não se lhe guarda senão proporcionalidade.

---

[46] Nesta perspectiva, convém salientar que "quando se interpreta a propriedade para proteção da qual os seres ingressam na sociedade civil como se tratando de vida, liberdade e posses, todos os indivíduos (exceto os escravos) estão qualificados para a cidadania; quando se interpreta como sendo bens ou fortuna, então apenas seus possuidores estão qualificados." (Macpherson, 1979, p. 259)

IV PARTE

A PROPRIEDADE COMO BASE DA FORMAÇÃO ECONÔMICO-SOCIAL: A CRIAÇÃO DO DINHEIRO COMO MERCADORIA PRINCIPAL E A PRODUÇÃO DA RIQUEZA MONETÁRIA (CAPITAL)

Método, racionalidade e objetividade – eis o que se impõe às relações econômicas baseadas no regime de propriedade e que convergem, através da instauração do sistema monetário, para a produção de uma riqueza material que se sobrepõe ao patrimônio constituído por terras (ou rebanhos) e resulta no desenvolvimento de atividades comerciais abrangendo os produtos de consumo, perfazendo uma organização cuja complexidade é reduzida à relações de mérito e à tendência que concebe o resultado como a exteriorização de princípios que guardam correspondência com a condição moral do indivíduo.

Os homens de perspectivas mais amplas são "os racionais", e que constituem uma minoria. Além disso, o verdadeiro trabalho pressupõe que o homem está disposto a, e é capaz de, se submeter ao fardo efectivo [sic] do trabalho em nome das conveniências futuras; e "os industriosos" constituem uma minoria. "Os preguiçosos e irreflectidos" [sic] constituem "de longe a maior parte do género humano". Por isso, a produção de riqueza exige que os industriosos e racionais tomem a dianteira e forcem os preguiçosos e irreflectidos [sic] a trabalhar contra a sua vontade para o seu próprio bem.[47]

Convergindo para uma racionalidade que, implicando um processo que tende à máxima abstração na elaboração de uma nova concepção do valor, traz como *modus operandi* um puro artifício humano, ao sistema monetário (ou à monetarização do sistema) impõe-se uma forma de relação de caráter positivo, que encerra uma experiência e uma prática que envolve uma noção *quantitativa* e *econômica* da coisa (objeto) como mercadoria em uma formação econômico-social que atribui ao *crédito* uma condição fundamental, à medida

---

[47] Strauss, 2009, p. 208.

que, assumindo a titularidade das operações mercantis, emerge simultaneamente como fundamento do poder da sociedade política instituída pelo contrato, possibilitando a fundação do regime representativo[48]. Investido nas terras e nas atividades agrícolas, o dinheiro (capital), no sistema mercantil, tende a entrar em circulação [49], multiplicando-se ilimitadamente, à medida que sobrepuja a imobilização que caracteriza o estágio que antecede a reprodução operada pelo juro e

---

[48] Tendo em vista que, correlacionada à teoria do consentimento e à teoria da propriedade, a *teoria da confiança* emerge como fundamento da delegação de poder no pensamento político de Locke, que converge para uma síntese que implica "uma explicação do que torna os governos legítimos, em primeiro lugar (a teoria do consentimento), e de como, em segundo lugar, súditos e governantes devem interpretar suas relações recíprocas (a *teoria da confiança*); depois, uma explicação de como os seres humanos podem ter direitos a possuir bens econômicos e a extensão e os limites desse direito (a teoria da propriedade); em seguida, uma explicação das similaridades e diferenças entre diversos tipos de autoridade humana e, acima de tudo, das diferenças entre a autoridade numa família e num Estado." (Dunn, 2003, pp. 45-46, grifos meus)

[49] "A única acumulação que é pré-requisito do advento do capital é a da *riqueza monetária* que, considerada isoladamente, é inteiramente improdutiva, emergindo somente da circulação e pertencendo apenas à circulação." (Marx, 1985, p. 109, grifos do autor)

usura, para cujas fronteiras converge a noção quantificada e abstrata do valor, que possibilita o desenvolvimento econômico, a evolução comercial, a produção da riqueza material e moral dos indivíduos, tendo em vista a equivalência que se impõe, no sistema filosófico-político de Locke, entre o *bem moral* e o *bem econômico*.

O argumento principal de Locke (a favor do uso de dinheiro, justificando a acumulação grosseiramente iníqua de riqueza) era que, juntos, eles *eliminam o desperdício*, o que obviamente deve ser do interesse de cada membro singular da sociedade. Entretanto, na época em que o sistema de acumulação advogado por Locke alcança sua completa articulação, o desperdício deixou de ser um lamentável aspecto marginal desse sistema, e sim uma parte integrante e deliberadamente cultivada dele. Na verdade, o desperdício no sistema não está de maneira alguma restrito aos produtos perecíveis da natureza. Ao contrário, corre solto em todas as áreas de produção e consumo, destruindo completamente todas as justificativas (e racionalizações) que Locke pôde agrupar em suas deduções a favor do sistema. O que garantiria o uso econômico apropriado dos recursos disponíveis – a riqueza acumulável que se autoexpande com sucesso e que seria ativada pela "durabilidade" do dinheiro –

acaba por ser o maior inimigo da própria durabilidade e o agente da perdularidade absoluta.[50]

Consistindo em um instrumento capaz de possibilitar o monopólio do produto e da sua produção, o dinheiro alcança *status* de mercadoria principal, convergindo para interpor entre os proprietários dos meios de produção e os trabalhadores o "não-produtor", a saber, o comerciante, que se sobrepõe a ambos no sistema econômico-social que, tendente à progressiva racionalização, se lhe atribui um poder material que, baseado na circulação de bens e dinheiro que a sua própria lógica implica, inevitavelmente justifica a sua tradução em primazia político-jurídica, conforme demonstra a instituição do governo civil e do Estado sob a perspectiva de Locke.

Se a valorização econômica atribuída a uma determinada coisa se impõe ao ato de sua apropriação,

---

[50] Mészáros, 2011, p. 690, grifos do autor.

consistindo em um resultado que justifica a propriedade individual, tornando-se o seu fundamento lógico, a sua condição de direito natural pressupõe um caráter ético-político que guarda correspondência com uma formação econômico-social baseada no poder conferido pelo artifício que encerra *o equivalente e a medida universal do valor,* a saber, o dinheiro, convergindo para um processo que tende a tornar preeminente o *bem inaparente,* gerado pela potencialização da moeda *stricto sensu,* em face do patrimônio oriundo da acumulação de bens imóveis (posses) por seu intermédio, engendrando a forma abstrata de mercadoria que através da venda e da compra se sobrepõe à diversidade das coisas concretas que integram as relações de troca.

> Nesse sentido, não é de modo algum acidental que Locke tenha se preocupado tanto em efetuar uma rápida transição do *uso real* para o *pseudoconsumo* que emana do "uso de dinheiro por consentimento mútuo". Na visão de Locke, o uso real é estreito e está perdulariamente circunscrito aos constrangimentos da natureza, fatos que se evidenciam tanto na perecibilidade dos objetos a serem consumidos como nas

limitações dos próprios apetites humanos. Segundo ele, o uso de dinheiro foi consentimento mútuo e o fundamento justificador do "amontoar" e "amealhar" riqueza, de modo que "um homem pode possuir", por direito e sem injúria, "mais do que ele próprio pode usar" recebendo "ouro e prata", que ele pode guardar longamente em sua posse sem que se degenerem pelo excedente. De fato, pondo o carro na frente dos bois, Locke pode até mesmo representar falsamente as práticas artificiais e iníquas de acumular riquezas sociais e excluir outros de seus benefícios não como se fossem apenas plenamente conforme, mas diretamente originárias da própria natureza. Assim, ele argumenta: "Descubra-se algo que tenha o valor e o uso do dinheiro entre os vizinhos, e ver-se-á o mesmo homem começar imediatamente a amplificar o que possui".[51]

A "autorização" para a ilimitada acumulação de riquezas que o direito à propriedade e a invenção do dinheiro encerram, caracterizando a formação econômico-social mercantilista do sistema filosófico-político de Locke[52], converge para a multiplicação e a

---

[51] Mészáros, 2011, pp. 689-690, grifos do autor.

[52] "O alvo da política mercantil e da empreitada econômica individual era, para Locke, o emprego da terra e do dinheiro como capital: o dinheiro deveria ser despendido em estoques comerciais, materiais e

diferenciação dos carecimentos que, em face das distintas individualidades "econômicas" constitutivas da organização político-social, tende à "abstração" e à complexidade das relações econômicas em um sistema de contradições que assinala que se à *minoria* (a saber, os proprietários) cabe a possibilidade de desenvolver quantitativa e qualitativamente os carecimentos, a maioria permanece sob a égide de carecimentos que se restringem à sua autopreservação, segundo a conotação fundamental, originária, aplicada a este termo e que implica a sobrevida, mantendo raízes na existência natural e mais imediata dos homens.

Nesta perspectiva, o que se impõe é o valor intrínseco à terra atribuído pelo processo de monetarização da economia, que converge para tornar tal "propriedade" independente do fenômeno que se lhe confere a condição de direito baseado no exercício de

---

salários; a terra, usada para produzir artigos de comércio." (Macpherson, 1979, pp. 216-217)

posse[53], constituindo-se o dinheiro a possibilidade da construção do monopólio de terras que, demandando um sistema produtivo capaz de se lhe corresponder, instaura as relações que, correspondendo à necessidade de sobrevida dos não proprietários, implicam a divisão do

---

[53] Alcança relevância, nesta perspectiva, a distinção entre *propriedade natural* e *propriedade civil* que Strauss identifica na teoria de Locke, que tende a conferir a esta última, a saber, à propriedade convencional, uma condição de primazia em relação àquela cuja aquisição e posse encerra meios e fins baseados nos princípios do direito natural e da sua justiça, guardando correspondência com a lei natural, que se sobrepõe às leis positivas ou civis, convergindo para delimitá-las: "A propriedade é uma instituição da lei natural; a lei natural define o modo e as limitações da apropriação justa. Os homens possuem propriedade antes de haver sociedade civil; entram na sociedade civil com vista a preservar ou proteger a propriedade que adquiriram no estado de natureza. Mas, assim que se forma a sociedade civil, se é que não antes, a lei natural no que toca à propriedade deixa de ser válida; aquilo a que podemos chamar propriedade 'convencional' ou 'civil' - a propriedade que é possuída no seio da sociedade civil - baseia-se apenas na lei positiva. Porém, embora a sociedade civil seja a criadora da propriedade civil, não é sua senhora: a sociedade civil tem de respeitar a propriedade civil; a sociedade civil; por assim dizer, não tem outra função senão servir a sua própria criação. Locke reclama para a propriedade civil uma santidade muito maior do que para a propriedade natural; isto é, a propriedade que é adquirida e possuída exclusivamente com fundamento na lei natural, na 'lei suprema'." (Strauss, 2009, p. 201)

trabalho e a alienação, relegando-os, dessa forma, a reprodução de suas condições de existência como membros de uma sociedade que destina à "minoria" representada pelos cidadãos as riquezas (posse real, usufruto e multiplicação)[54].

Atribuindo ao trabalho a condição de mercadoria, o sistema filosófico-político de Locke, caracterizando-o como propriedade do indivíduo, possibilita a sua inclusão nas relações de troca entre proprietários de bens (fortunas) e não proprietários em função da necessidade de assegurar a sua autoconservação no âmbito de uma

---

[54] Nesta perspectiva, cabe recorrer à análise de Marx: "A riqueza existente sob a forma de dinheiro só poderá ser trocada pelas condições objetivas de trabalho, porque e se estas tiverem sido separadas do próprio trabalho. Já vimos que o dinheiro pode, em parte, ser acumulado pela simples troca de equivalentes; entretanto, esta é uma fonte tão insignificante que não merece menção, historicamente — uma vez que se presuma, isto é, que se considere que este dinheiro tenha sido ganho pela troca do trabalho próprio. É, *preferencialmente, o dinheiro acumulado pela usura — especialmente a usura relacionada à propriedade da terra — e a riqueza móvel (monetária) acumulada através de lucros mercantis que se transformam em capital no estrito senso, em capital industrial.*" (Marx, 1985, pp. 100-101, grifos meus)

organização que traz a propriedade privada e a divisão do trabalho como eixos que articulam a sua formação econômico-social, fundamentando-a como tal. A possibilidade de ilimitada acumulação de riquezas (bens, fortunas) que o monopólio da propriedade engendra através da introdução do dinheiro nas relações de troca converge para as fronteiras que encerram a divisão social do trabalho, o trabalho assalariado e a divisão da sociedade em classes, implicando uma formação econômico-social que traz contradições insuperáveis, à medida que tende a multiplicar as desigualdades que se impõem às relações entre "proprietários" e trabalhadores (produtores), tendo em vista que desde o sistema produtivo até a esfera política a ordem ético-jurídica e político-social carrega uma lógica que detém todas as condições necessárias e suficientes para a reprodução de sua existência como tal[55].

---

[55] Nesta perspectiva, alcança relevância que, guardando correspondência com a *divisão social do trabalho* e o seu caráter

Nesta perspectiva, ao imperativo ético-lógico que se impõe à acumulação ilimitada de bens que a invenção do dinheiro acarreta no estado de natureza, o que cabe ao estado civil é instituir, pelo consentimento da *maioria*, uma legislação capaz de coibir tais práticas, evitando,

funcional, a *divisão hierárquica do trabalho* converge para o processo de reprodução do capital, segundo a leitura de Mészáros, que esclarece que "esta imposição da divisão social hierárquica do trabalho como força cimentadora mais problemática – em última análise, realmente explosiva – da sociedade é uma necessidade inevitável. Ela vem da condição insuperável, sob o domínio do capital, de que a sociedade deva se *estruturar de maneira antagônica* e específica, já que as funções de *produção* e de *controle* do processo de trabalho devem estar radicalmente separadas uma da outra e atribuídas a diferentes classes de indivíduos. Colocando de forma simples, o sistema do capital – cuja *raison d'être* é a extração máxima do trabalho excedente dos produtores de qualquer forma compatível com seus limites estruturais – possivelmente seria incapaz de preencher suas funções sociometabólicas de qualquer outra maneira. Por outro lado, nem mesmo a ordem feudal institui esse tipo de separação radical entre o controle e a produção material. Apesar da completa sujeição política do servo, que o priva da liberdade pessoal de escolher a terra em que trabalha, no mínimo ele continua dono de seus instrumentos de trabalho e mantém um controle não formal, mas substantivo, sobre boa parte do processo de produção em si." (Mészáros, 2011, p. 99, grifos do autor)

dessa forma, a multiplicação das desigualdades[56]: o problema é que, atribuindo a condição de cidadania apenas aos proprietários, como os representantes eleitos se lhes podem contrapor, definindo leis que se lhes sejam contraditórias? E se é o princípio da *maioria* que determina o destino da sociedade, o *bem público*, que se lhe está imbricado, não guarda correspondência senão

---

[56] Convém observar que o processo de transformação da posse em propriedade através do trabalho, que se lhe atribui a condição de um direito natural, converge para a delimitação imposta pela lei natural no sentido de impedir que o exercício da referida apropriação gere o desperdício ou antes subtraia dos demais indivíduos os meios e as condições necessárias que, representadas pelo investimento na terra que a relação homem-natureza implica, possibilitam a sua subsistência, a sua autoconservação, constituindo-se um princípio de justiça natural que, entretanto, perde o valor no estado cívico, que legitima a acumulação e a desigualdade, a despeito de que, conforme Locke afirma, "é certo que esta lei [natural] existe, absolutamente inteligível e clara para uma criatura racional dedicada a seu estudo, como o são as leis positivas da comunidade civil; ou melhor, possivelmente mais claras, pois a razão é mais fácil de ser compreendida que os sonhos e as maquinações intrincadas dos homens, buscando traduzir em palavras interesses contrários e ocultos; pois assim realmente se constitui grande parte das leis civis dos países, que só são justas na medida em que se baseiam na lei da natureza, pela qual devem ser regulamentadas e interpretadas." (Locke, 2001, II, § 12, p. 88)

com a *vontade de todos* (maioria), servindo para reproduzir as condições objetivas, materiais, da organização, do Estado como totalidade ético-jurídica, econômico-social e lógico-política[57].

---

[57] Tendo em vista que "na maior parte dos Estados históricos, os direitos concedidos aos cidadãos são regulados de acordo com as posses dos referidos cidadãos, pelo que se evidencia ser o Estado um organismo para *a proteção dos que possuem contra os que não possuem*. Foi o que vimos em Atenas e em Roma, onde a classificação da população era estabelecida pelo montante dos bens. O mesmo acontece no Estado feudal da Idade Média, onde o poder político era distribuído conforme a importância da propriedade territorial. E é o que podemos ver no censo eleitoral dos modernos Estados representativos." (Engels, 1984, p. 194, grifos meus)

CAPÍTULO 2[58]

A VONTADE GERAL COMO PROCESSO ÉTICO-JURÍDICO DE DELIBERAÇÃO COLETIVA E MOVIMENTO ECONÔMICO-POLÍTICO DE INSTITUCIONALIZAÇÃO DO PODER

Se consiste em uma ação *instituinte* que se impõe através do movimento dialético que envolve forma e conteúdo, reprodução e produção, relações e normas, a Vontade Geral converge para a institucionalização de valores, necessidades e objetivos que emergem das fronteiras que encerram a confluência entre os homens enquanto indivíduos em sua concreticidade histórico-

---

[58] O referido capítulo é constituído por trechos que integram o conteúdo do artigo intitulado *A vontade geral como processo ético-jurídico de deliberação coletiva e movimento econômico-político de institucionalização do poder*, publicado pela **Revista Direito em Debate**, ISSN 2176-6622, v. 25, n. 46, p. 94-120, mar. 2017.

cultural e econômico-social e os meios de produção, a saber, a base social e a base material[59].

Sobrepondo-se ao caráter vago e indefinido que se lhe atribui a leitura que tende a se lhe impor a condição que supõe um arcabouço existente *a priori*, uma estrutura sem raízes concretas como que suspensa no ar, imune ao contato histórico-cultural e econômico-social e, antes, aos próprios homens que através das suas vontades e interesses particulares a perfazem enquanto tal, a organização político-social consiste em um sistema de atividades intencionais que não convergem senão para a construção da Vontade Coletiva. Ao substrato material, que implica a formação econômico-social e se lhe dispõe

---

[59] Nesta perspectiva, cabe salientar a concepção que encerra "como máximo factor de história não os factos econômicos, materiais, mas o homem, mas a sociedade dos homens, dos homens que se apoiam mutuamente, se entendem mutuamente, desenvolvem através destes contactos (civilização) uma vontade social, colectiva, compreendem os factos econômicos, julgam-nos e adequam-nos à sua vontade, até que esta se torne a força motriz da economia, e plasmadora da realidade objectiva, que vive e se move e adquire caráter de matéria telúrica em ebulição, que pode ser canalizada onde e como convenha a vontade." (Gramsci, 1976, p. 162)

e determina, não perfazendo senão a sua "essência", o que se impõe é a correlação envolvendo as forças produtivas e as necessidades sociais, convergindo, pois, para a constituição dos próprios homens, do modo específico de *ser* (e de *fazer-se*) dos homens enquanto indivíduos em sua concreticidade histórico-cultural e econômico-social.

Nessa perspectiva, o que a Vontade Geral encerra é um processo que, no que tange à instituição e ao seu conceito, converge para se lhe atribuir a caracterização que envolve uma concepção dinâmica, que se sobrepõe à noção que sugere uma manifestação que advém de comportamentos e modos de pensar que emergem das fronteiras de uma abstração da coletividade [60],

---

[60] "A coletividade deve ser entendida como produto de uma elaboração de vontade e pensamento coletivos, obtidos através do esforço individual concreto, e não como resultado de um processo fatal estranho aos indivíduos singulares: daí, portanto, a obrigação da disciplina interior, e não apenas daquela exterior e mecânica. Se devem existir polêmicas e cisões, é necessário não ter medo de enfrentá-las e superá-las: elas são inevitáveis nestes processos de

constituindo-se, pois, como impessoais. Tal noção implica que a sua existência escapa ao âmbito psicológico dos homens enquanto indivíduos em sua concreticidade histórico-cultural e econômico-social, perfazendo uma herança, um "patrimônio morto" cuja forma se impõe aos seus integrantes, que somente alcançam a condição de membros através da coação social, da violência simbólica e real que o seu funcionamento como tal requer.

Consistindo na possibilidade de que os homens enquanto indivíduos em sua concreticidade histórico-cultural e econômico-social realizem a experiência que implica a sua unidade em relação ao todo, a Vontade Geral, longe do exercício de uma *liberdade* que supõe a eliminação absoluta das restrições impostas às suas vontades particulares e aos seus interesses em detrimento dos demais membros do corpo coletivo e moral, converge para a construção da autonomia que encerra como conteúdo a intersubjetividade e o interesse

---

desenvolvimento e evitá-las significa somente adiá-las para quando já forem perigosas ou mesmo catastróficas, etc." (Gramsci, 2001, p. 232)

comum[61]. Dessa forma, pressupondo a realidade coletiva como a sua condição, a Vontade Geral implica uma concepção de soberania (popular) não como um fenômeno estático, restrito à formalidade político-jurídica, mas como um processo cujo *devir* guarda a noção de *poder* que a determina e legitima[62].

---

[61] Sobrepondo-se à concepção que envolve um "composto de vontades particulares" ou um compromisso que as abrange, a Vontade Geral consiste na vontade de todo aquele que guarda, pois, a condição de membro do soberano, o que implica a suposição de que "os cidadãos tenham uma vontade comum, o que seria evidentemente impossível se eles estivessem divididos em tudo, se não houvesse também um *interesse comum*, base psicológica da associação e que, desse ponto de vista, constitui o laço entre os associados." (Derathé, 2009, p. 343, grifos do autor)

[62] Tendo em vista que "não sendo o Estado ou a cidade mais que uma pessoa moral, cuja vida consiste na união de seus membros, e se o mais importante de seus cuidados é o de sua própria conservação, *torna-se-lhe necessária uma força universal e compulsiva para mover e dispor cada parte da maneira mais conveniente a todos*. Assim como a natureza dá a cada homem poder absoluto sobre todos os seus membros, o pacto social dá ao corpo político um *poder absoluto* sobre todos os seus, e é esse mesmo poder que, dirigido pela vontade geral, ganha, como já disse, o nome de soberania." (Rousseau, 1999, p. 95, grifos meus)

Pressuposto da organização do poder que a existência do corpo coletivo e moral implica, a Vontade Geral não guarda capacidade senão de se sobrepor à desigualdade e à injustiça que porventura emergem das relações dos homens enquanto indivíduos em sua concreticidade histórico-cultural e econômico-social e as unidades sociais particulares entre si, à medida que carrega a possibilidade de engendrar a correspondência devida entre *fato* e *direito* através do processo que envolve as decisões coletivas e, antes, a sua deliberação. Tal processo converge para restituir à instituição e à ordem político-jurídica que a perfaz o conteúdo da vida efetiva e real, abrangendo, em função dessa necessidade, os momentos referentes à *universalidade*, à *particularidade* e à *singularidade*[63] através do movimento

---

[63] Encerrando a "união do caráter de reflexo que tem o pensamento com a consequente realização do seu *ser um processo*", a concepção dialético-materialista da universalidade supera tanto a gnosiologia do materialismo mecanicista quanto o idealismo dialético de Hegel, que converge para uma "mistificação da universalidade", conforme expõe

dialético de *institucionalização* que correlaciona *instituído* e *instituinte* na constitutividade da totalidade social e determina a sua estrutura como tal[64].

Lukács, que afirma: "A universalidade, sobretudo, não é jamais um ponto de chegada autônomo do pensamento. Marx, na introdução teórica à primeira redação de sua obra econômica, fala de dois caminhos que o conhecimento humano deve percorrer: isto é, da realidade concreta dos fenômenos singulares às mais altas abstrações, e destas novamente à realidade concreta, a qual – com a ajuda das abstrações – pode agora ser compreendida de um modo cada vez mais aproximativamente exato. (...) De fato, o processo de tal aproximação é essencialmente ligado à dialética de particular e universal: o processo do conhecimento transforma ininterruptamente leis que até aquele momento valiam como as mais altas universalidades em particulares modos de concretização conduz muito frequentemente, ao mesmo tempo, à descoberta de novas formas de particularidade como mais próximas determinações, limitações e especificações da nova universalidade tornada mais concreta." (Lukács, 1978, p. 103)

[64] Alcança relevância, nesta perspectiva, o esclarecimento de Kosik acerca da noção de totalidade segundo o método dialético: "O ponto de vista da totalidade concreta nada tem de comum com a totalidade holística, organicista ou neo-romântica, que hipostasia o todo antes das partes e efetua a mitologização do todo. A dialética não pode entender a totalidade como um todo já feito e formalizado, que determina as partes, porquanto à própria determinação da totalidade pertencem a *gênese* e o *desenvolvimento* da totalidade, o que, de um ponto de vista metodológico, comporta a indagação de como *nasce* a totalidade e *quais são as fontes internas do seu desenvolvimento e movimento*. A totalidade não é um todo já pronto que se recheia com

um conteúdo, com as qualidades das partes ou com as suas relações; a própria totalidade é que se concretiza e esta *concretização não é apenas criação no conteúdo mas também criação do todo."* (Kosik, 1976, pp. 58-59, grifos do autor)

Da propriedade como fundamento ético-jurídico e econômico-político em Locke
à vontade geral e o sistema autogestionário em Rousseau
Luiz Carlos Mariano da Rosa

I PARTE

DA DIALÉTICA ESSENCIAL ENTRE DIREITO E PODER NA CONSTITUIÇÃO DO ESTADO E A VONTADE GERAL COMO PROCESSO ÉTICO-JURÍDICO DE DELIBERAÇÃO COLETIVA E PRINCÍPIO DE INTEGRAÇÃO DINÂMICO-DIALÉTICA

Se Direito e Poder se correlacionam na constitutividade da realidade funcional do Estado, a Vontade Geral não emerge senão como a própria força de coesão social, à medida que implica um processo que envolve a objetivação de valores, necessidades e fins que guardam raízes no "eu-comum" e trazem a legislação como a sua expressão, convergindo para a manifestação da soberania popular. Tal noção, que conjuga vontades e interesses particulares em um movimento de superação que dialoga com o bem comum e acena com uma universalização que corresponde à ideia de uma unidade social diferenciada, tende a se sobrepor ao caráter formal que a atrela ao conceito abstrato de nação, que encerra uma universalidade que se esgota, em última instância, nas fronteiras que circunscreve o povo ao âmbito de uma unidade amorfa.

Sobrepondo-se ao normativismo puro que caracteriza o sistema gradativo de prescrições, regras e normas que perfaz o arcabouço do Estado em sua condição formal de existência, a Vontade Geral como um processo ético-jurídico que envolve as decisões coletivas e, antes, a sua elaboração, converge para atribuir ao Estado a forma de "Estado-função". A referida condição implica a possibilidade de que a soberania não se circunscreva às fronteiras que encerram um aspecto do ordenamento jurídico, mas guarde raízes no mundo da realidade histórico-cultural e econômico-social da vida coletiva, expressando a unidade e a validade objetiva de valores e práticas, condutas e comportamentos, necessidades e fins que se lhe emergem.

Que será, pois, propriamente, um ato de soberania? Não é uma convenção entre o superior e o inferior, mas uma convenção do corpo com cada um de seus membros: convenção legítima por ter como base o contrato social, equitativa por ser comum a todos, útil por não poder ter outro objetivo que não o bem geral, e sólida por ter como garantia a força pública e o poder supremo.[65]

Perfazendo um processo que envolve as decisões coletivas e, antes, a sua elaboração[66], a Vontade Geral não configura senão uma "ação *instituinte*", emergindo como a condição para o exercício da soberania popular, cuja "essência" acena com a noção de um poder "constituinte", à medida que carrega a possibilidade de se sobrepor ao Direito positivo da instituição político-social

---

[65] Rousseau, 1999, p. 98.

[66] Eis os princípios expostos por Gramsci em relação ao momento em questão: "Os componentes da colectividade devem, portanto, pôr-se de acordo, discutir entre eles. Através da discussão, deve resultar uma fusão dos espíritos e das vontades. Os elementos singulares de verdade, que cada um pode oferecer, devem sintetizar-se na complexa *verdade* e ser a expressão integral da *razão*. Para que isto se realize, para que a discussão seja exaustiva e sincera, é necessária a máxima tolerância. Todos devem estar convencidos que aquela é a verdade e que, portanto, é preciso necessariamente pô-la em prática." (Gramsci, 1976, p. 172, grifos do autor)

ora identificada sob a acepção de Estado, tendo em vista a sua capacidade de se lhe impor, constituindo-o enquanto tal e como tal.

Nessa perspectiva, o que se impõe à Vontade Geral é a possibilidade de superação da condição *in abstracto* do Estado que, não detendo como fundamento os sujeitos reais, converge para uma subjetivação de caráter místico, consistindo a soberania, dessa forma, em uma "essência" autônoma, objetivada. Tal condição implica a necessidade de se lhe atribuir uma noção de poder que não se circunscreva às fronteiras da positividade do Direito, mas guarde capacidade de viabilizar a transição do Estado *in potentia* para o Estado objetivo, conforme supõe o movimento dialético no momento que emerge como *instituinte* em um contexto que encerra o momento do *instituído*[67] e o momento da institucionalização na

---

[67] Se o *instituinte* consiste em um momento do processo de institucionalização que encerra o movimento de produção do sistema de valores, necessidades e fins que converge, nas fronteiras da

instância que não tende senão, em face do referido processo, a perfazer um domínio *in concreto*.

Atribuir ao sistema de direitos e deveres que perfaz a legislação a necessária relação de correspondência envolvendo a realidade histórico-cultural e econômico-social concreta, eis a capacidade da Vontade Geral, à medida que consiste na objetivação de valores, necessidades e fins do corpo coletivo e moral. Este, embora dependente da estrutura formal e da função normativa da ordem jurídica, tende a superar, dessa forma, a redução da sua existência enquanto tal ao legalismo de uma vida resultante de um processo mecânico e estereotipado que, corporificando o Estado não político, encerra o poder nas fronteiras do Estado político, o qual, em detrimento daquele, detém uma

---

instituição, para a constituição do *instituído*, o *instituído* configura a condensação do conteúdo que emerge do *instituinte*, o que implica que, nesta relação, "o *instituinte* aparece como um processo, enquanto o *instituído* aparece como resultado." (Lapassade, 1989, p. 30, grifos meus)

soberania que não se impõe senão como o exercício da coação incondicionada.

Se a justiça consiste, em última instância, na ordenação histórica de valores sociais, configurando uma noção que não guarda correspondência senão com as fronteiras do bem comum, a Vontade Geral como um processo que envolve as decisões coletivas e, antes, a sua deliberação, converge para a possibilidade que implica a realização do Direito por meio do exercício do poder. O processo em questão, que representa a unidade e a validade de um sistema de normas que tende à universalidade que a institucionalização instaura, perfaz o Estado enquanto estrutura formal na relação dialética que traz como conteúdo os homens enquanto indivíduos em sua concreticidade histórico-cultural e econômico-social[68].

---

[68] Nesta perspectiva, alcança relevância a conclusão para a qual converge a interpretação de Cassirer acerca da teoria política rousseauniana: "À ideia do Estado do bem-estar e do poder, opõe a

Não basta que o povo reunido tenha uma vez fixado a constituição do Estado sancionando um corpo de leis; não basta, ainda, que tenha estabelecido um Governo perpétuo ou que, de uma vez por todas, tenha promovido a eleição dos magistrados; além das assembleias extraordinárias que os casos imprevistos podem exigir, é preciso que haja outras, fixas e periódicas, que nada possa abolir ou adiar, de tal modo que, no dia previsto, o povo se encontre legitimamente convocado pela lei, sem que para tanto haja necessidade de nenhuma outra convocação formal.[69]

Nessa perspectiva, o que se impõe à Vontade Geral é a possibilidade de renovação da adesão dos homens enquanto indivíduos em sua concreticidade histórico-cultural e econômico-social ao ideal comum concretizado pelo Estado como uma forma institucional para a qual converge o sistema de valores que do processo ético-jurídico de deliberação coletiva resulta, emergindo de um movimento econômico-político que abrange os momentos constitutivos da totalidade sócio-político-

---

ideia do Estado de Direito. E neste caso para ele [Rousseau] não existe meio-termo; ele conhece apenas ou um ou outro." (Cassirer, 1999, p. 68)

[69] Rousseau, 1999, p. 181.

jurídica e perfaz a unidade de ordem que se lhe impõe. Tal processo se sobrepõe à noção de poder que se circunscreve às fronteiras da *exterioridade coercitiva* e à concepção de soberania como a supremacia do esqueleto estatal em detrimento das partes que o compõem e que o formam como uma estrutura cuja natureza se lhes deve corresponder, sob pena de perder a vitalidade que possibilita a recuperação do conteúdo em função do qual teoricamente veio a existir e que não se permite desatualizar, tendo em vista a relação que cabe manter com as subjetividades empíricas em um determinado contexto histórico.

Se a "vontade de todos", permanecendo à mercê do poder das maiorias momentâneas, não guarda capacidade de corresponder ao Estado como uma forma institucional de caráter permanente e cuja existência supõe uma unidade de ordem que não pode se circunscrever ao arcabouço jurídico - este, pois, sob a acepção de um aparelho coativo que atribui à totalidade ético-jurídica a soberania que, embora formal, lhe é devida -, o que se impõe à Vontade Geral é um processo ético-jurídico de integração dinâmico-dialética que traz como fundamento um fim comum e que se manifesta através de um movimento econômico-político de objetivação de valores, necessidades e fins do povo enquanto corpo coletivo e moral[70].

Nessa perspectiva, a Vontade Geral emerge como possibilidade de correspondência entre norma e realidade através do processo ético-jurídico de deliberação coletiva que implica a objetivação de valores, necessidades e fins do corpo coletivo e moral que converge para as fronteiras que encerram o movimento

---

[70] Eis o argumento rousseauniano: "Deve-se compreender, nesse sentido, que, menos do que o número de votos, aquilo que generaliza a vontade é o interesse comum que os une, pois nessa instituição cada um necessariamente se submete às condições que impõe aos outros: admirável acordo entre o interesse e a justiça, que dá às deliberações comuns um caráter de equidade que vimos desaparecer na discussão de qualquer negócio particular, pela falta de um interesse comum que una e identifique a regra do juiz à da parte." (Rousseau, 1999, p. 97)

de *institucionalização* e tende, desse modo, à construção da *universalidade concreta*[71] que se impõe à Constituição e às leis. Dessa forma, a Constituição e as leis, sobrepondo-se ao caráter abstrato que se lhe atribui a perda do conteúdo histórico e da sua densidade, recuperam a vitalidade que se lhe outorga a capacidade de regular o complexo movimento de integração dos homens enquanto indivíduos em sua concreticidade histórico-cultural e econômico-social ao Estado, perfazendo-o como totalidade sócio-político-jurídica[72].

---

[71] Nesta perspectiva, cabe sublinhar que a dialética materialista, conforme argumenta Lukács, "na medida em que ela realiza e desenvolve a aproximação à realidade objetiva conjuntamente ao caráter processual do pensamento como meio para esta aproximação, pode compreender a universalidade em uma contínua tensão com a singularidade, em uma contínua conversão em particularidade e vice-versa. Assim a concreticidade do conceito universal é purificada de qualquer mistificação, é concebida como o veículo mais importante para conhecer e dominar a realidade objetiva. Engels formulou de um modo sugestivo este caráter da universalidade concreta: 'Abstrato e concreto. A lei geral da modificação de forma do movimento é muito mais concreta do que qualquer exemplo singular 'concreto' dela'." (Lukács, 1978, p. 104)

[72] Nesse sentido, recorrendo à leitura de Marx, convém sublinhar: "O

Esgotando-se no significado formal da Constituição e das suas leis, à medida que a relação que mantém com o arcabouço que se impõe ao Estado transcende a realidade concreta das subjetividades empíricas, das unidades sociais particulares, das forças sociais em ação, se a "vontade de todos" guarda, consequentemente, um caráter abstrato, a Vontade Geral converge para se lhes conferir um significado substancial, se lhes restituindo o conteúdo da vida social e se lhes tornando uma *realidade integrante*[73].

Estado existe *somente* como *Estado político*. A totalidade do Estado político é o *poder legislativo*. Tomar parte no poder legislativo é, por isso, tomar parte no Estado político, manifestar e realizar sua *existência* como *membro do Estado político*, como *membro do Estado*. Que, portanto, *todos singularmente* queiram participar no poder legislativo não é senão a vontade de *todos* de ser *membros* reais (ativos) do *Estado* ou de se dar uma *existência política* ou de manifestar e realizar sua própria existência como existência política." (Marx, 2010, p. 132, grifos do autor)

[73] Nesta perspectiva, cabe salientar que, conforme afirma Gramsci, "não se concebe vontade que não seja concreta, isto é, que não tenha uma finalidade. Não se concebe vontade colectiva que não tenha uma finalidade universal concreta. Mas isto não pode ser um facto singular ou uma série de factos singulares. Pode ser só uma

Se o equilíbrio social escapa à possibilidade de concretização através de um suposto funcionamento automático dos mecanismos e dos dispositivos que se correlacionam no arcabouço jurídico, segundo a concepção que pretende a eliminação da forma institucional do Estado e a exclusão do poder em face da relação de *exterioridade coercitiva* que o seu exercício, nesta perspectiva, implica, à Vontade Geral o que se impõe é a capacidade de atribuir uma condição de complementariedade ao vínculo entre Direito e poder[74],

---

ideia ou um princípio moral. O defeito orgânico das utopias está todo aqui: acreditar que a previsão possa ser previsão de factos, enquanto só o pode ser de princípios ou de máximas jurídicas. As máximas jurídicas (o direito é a moral actuada) são criações dos homens como vontade. Se quiserem dar a esta vontade uma certa direcção, ponham-lhes como finalidade o que só pode sê-lo; de outro modo, depois do primeiro entusiasmo, vê-las-ão aviltar-se e perder-se." (Gramsci, 1976, p. 114)

[74] "O único poder 'legitimo' é o poder que exerce o princípio da legitimidade como tal e *a ideia da própria lei* sobre as vontades individuais. Essa ideia requer o indivíduo apenas como membro da comunidade, como órgão co-participante da vontade geral, mas não em sua essência e existência particular. Não se pode conceder nenhum privilégio especial a um indivíduo enquanto individuo, ou a

superando o caráter autoexcludentes se lhe conferido pela leitura que defende a harmonização espontânea das vontades particulares e dos interesses que se lhe estão atrelados no âmbito das forças produtivas.

---

uma classe especial; não se pode exigir dele nenhum desempenho especial. Neste sentido, a lei não pode reconhecer qualquer 'prestigio pessoal'. Assim, uma ligação que pretende ligar não a todos simplesmente, mas apenas este ou aquele anula-se a si própria. Não pode, nem deve haver nenhuma exceção no interior do direito e em virtude do direito; ao contrário, toda determinação excepcional à qual cidadãos isolados, ou determinadas classes estão submetidos significa *eo ipso* a aniquilação da ideia de direito e de Estado: a dissolução do pacto social e a recaída no estado natural, que neste contexto se caracteriza como puro estado de violência." (Cassirer, 1999, p. 59)

Da propriedade como fundamento ético-jurídico e econômico-político em Locke
à vontade geral e o sistema autogestionário em Rousseau
Luiz Carlos Mariano da Rosa

II PARTE

DA CONVERSÃO DA VONTADE GERAL EM LEGISLAÇÃO COMO OBJETIVAÇÃO DE VALORES, NECESSIDADES E FINS DO CORPO COLETIVO E MORAL

> Se quisermos saber no que consiste, precisamente, o maior de todos os bens, qual deva ser a finalidade de todos os sistemas de legislação, verificar-se-á que se resume nestes dois objetivos principais: a *liberdade* e a *igualdade*. A liberdade, porque qualquer dependência particular corresponde a outro tanto de força tomada ao corpo do Estado, e a igualdade, porque a liberdade não pode subsistir sem ela.[75]

Ao processo que envolve a conversão da Vontade Geral em legislação o que se impõe é a criação de condições histórico-culturais e econômico-sociais que possibilitem a objetivação de valores, necessidades e fins que caracterizam o povo enquanto corpo coletivo e moral e perfaz um arcabouço cuja emergência demanda a construção de relações sociais capazes de viabilizar a

---

[75] Rousseau, 1999, p. 127, grifos do autor.

experiência que implica a vivência do interesse comum, base identitária que se sobrepõe à reunião de indivíduos e as suas vontades particulares. Se tal condição guarda a acepção que converge para a agregação e não transpõe as fronteiras que encerram a vontade de todos (maioria), distinguindo-se da união social, esta carrega a noção de intersecção abrangendo o geral e o particular e supõe uma vontade que não acena senão com a "soma das diferenças", da qual se lhe resulta como tal, a saber, Vontade Geral (Vontade Coletiva)[76].

Emergindo como a possibilidade de conferir à Constituição a condição que implica um sistema de caráter vivo em face da capacidade que se lhe está

---

[76] Tendo em vista que "não é pelo simples estatuto jurídico que se regulam as relações entre os seus membros, que uma república se distingue de simples agregado. O que distingue estas duas formas de ordenação social é a natureza do laço pelo qual se prendem uns aos outros os seus membros. *Numa pátria, os associados possuem todos uma só vontade e um só interesse*, ao passo que na outra forma de associação a união que se verifica não vai além da simples justaposição dos egoísmos individuais." (Fortes, 1976, p. 90, grifos meus)

atrelada de corresponder às múltiplas demandas da vida concreta, a emergência da Vontade Geral não guarda relação senão com uma manifestação que, envolvendo valores e práticas, condutas e comportamentos, necessidades e objetivos que ecoam dos indivíduos e de suas vontades particulares, convergem para a unificação que as fronteiras do interesse comum contemplam, tendo em vista que é como membros do soberano que encerram a disposição de expressar o que somente o exercício da cidadania plena se lhes expõe.

> A primeira e mais importante consequência decorrente dos princípios até aqui estabelecidos é que só a *vontade geral* pode dirigir as forças do Estado de acordo com a finalidade de sua instituição, que é o *bem comum*, porque, se a oposição dos interesses particulares tornou necessário o estabelecimento das sociedades, foi o acordo desses mesmos interesses que o possibilitou. O que existe de *comum* nesses vários interesses forma o liame social e, se não houvesse um ponto em que todos os interesses concordassem, nenhuma sociedade poderia existir. Ora, somente com base nesse *interesse comum* é que a sociedade deve ser governada.[77]

---

[77] Rousseau, 1999, p. 85, grifos meus.

Nessa perspectiva, o que se impõe à Vontade Geral é a unidade concreta da organização social, para cujas fronteiras converge os valores e as práticas, as condutas e os comportamentos, as necessidades e os objetivos que resultam das relações correspondentes às forças produtivas e ao seu complexo dinâmico-contraditório. Dessa forma, a Vontade Geral guarda, enquanto tal, a possibilidade de que as atividades que implicam a vida coletiva e a realidade concreta se sobreponham ao caráter formal que transforma as normas e os preceitos, os textos e os regulamentos que perfazem o seu estatuto (Constituição) em construções sem sentido, que acenam com um ideal de existência que escapa ao contexto histórico-cultural e econômico-social e ao homem que do seu arcabouço emerge e que com as suas determinações não se lhe facultam as circunstâncias prescindir do diálogo, à medida que a transcendência desse processo se lhe mantém dependência, sob pena de se tornar contraproducente o seu movimento, anulando os efeitos que pretendia e se lhe cabia produzir. Não guardando correspondência senão com os homens enquanto indivíduos em sua concreticidade histórico-cultural e econômico-social, os quais, em função das referidas especificidades, detêm vontades e interesses que se opõem e através das suas diferenças convergem para as fronteiras da complementariedade, à Vontade Geral o que se impõe é um processo que envolve a objetivação de valores, necessidades e fins que emergem das estruturas que perfazem a constituição da ordem social. Tal processo encerra uma positividade que se sobrepõe ao "dever-ser" *in abstracto* e alcança um horizonte que o mantém atrelado ao âmbito que implica o "enquanto é" em uma relação dialética que abrange o real e o possível no que tange à forma da existência e à necessidade de se lhe adaptar, simultaneamente se lhe transformando.

Configurando um processo que converge para as fronteiras que encerram uma "ação *instituinte*", a Vontade Geral tende a assumir a condição de realidade "institucionalizada" através da sua corporificação na legislação, o que implica a necessidade constante da emergência da unidade negativa da forma social em questão, perfazendo um contexto que abrange o conjunto das forças sociais em ação e as relações envolvendo instituição e estrutura, instituição e sistema, instituição e organização, e acena com a possibilidade de superação da ordem estabelecida. E isto se impõe à medida que o conteúdo "positivo" consubstanciado pelos valores, necessidades e objetivos do sistema é transformado pela dinâmica, pela negatividade e pela contraditoriedade que caracterizam o sentido ativo se lhe imposto pelo movimento que se desenvolve em função de três momentos que perpassam o referido processo, a saber, o momento da *universalidade*, o momento da *particularidade*, o momento da *singularidade*.

Nessa perspectiva, a Vontade Geral consiste na possibilidade e, antes, na condição para que o arcabouço da legislação não se circunscreva ao horizonte da formulação abstrata, à medida que se lhe impõe a necessidade de corresponder a realidades objetivas e se constituir através de um *substractum* de ordem político-social. Tal condição possibilita a superação do reducionismo que pretende relegar a experiência do exercício da soberania popular à esfera técnico-formal do sistema representativo, cuja noção de instituição, guardando raízes nas fronteiras da ideologia e veiculando valores, necessidades e objetivos que lhe são correspondentes, permanece atrelada a uma concepção positivista, caracterizada como transcendente em face das relações sociais reais.

Longe de se caracterizar como expressão pura e exclusiva das exigências éticas, a Vontade Geral como um processo que envolve as decisões coletivas e, antes, a sua elaboração, converge para as fronteiras que encerram a sua subordinação ao âmbito das circunstâncias contingentes, as quais não tendem senão a se sobrepor ao acordo universal que se impõe à concretização de valores e práticas, condutas e comportamentos, necessidades e objetivos que hão de consubstanciar o sistema de direitos e deveres da organização social. A referida condição implica uma igualdade substantiva capaz de não se circunscrever à esfera "política" e à condição "negativa" que esta lhe atribui, isto é, uma igualdade material, que perfaz a única possibilidade de diálogo entre a realidade histórico-cultural e econômico-social e os fins éticos da convivência humana, tornando o interesse comum "*in concreto*", tendo em vista que

> o pacto social estabelece entre os cidadãos uma tal igualdade, que eles se comprometem todos nas mesmas condições e devem gozar todos dos mesmos direitos. Igualmente, devido à natureza do pacto, todo o ato de soberania, isto é, todo o ato autêntico da vontade geral, obriga ou favorece igualmente todos os cidadãos, de modo que o soberano conhece

unicamente o corpo da nação e não distingue nenhum dos que a compõem.[78]

Nessa perspectiva, consistindo em um "poder-dever" que se sobrepõe a um puro sistema de direitos e deveres que escapa ao diálogo com as fronteiras dos valores, o processo que implica a Vontade Geral e que envolve as decisões coletivas e, antes, a sua deliberação, na medida em que guarda raízes na sociabilidade concreta, traz em seu âmago a realidade histórico-cultural e econômico-social e os fins éticos inerentes às relações dos homens entre si no arcabouço das forças produtivas, convergindo para a capacidade de conferir gradualmente positividade ao direito do povo real, concretizando o seu poder por meio da ordem jurídica.

---

[78] Rousseau, 1999, pp. 97-98.

Da propriedade como fundamento ético-jurídico e econômico-político em Locke
à vontade geral e o sistema autogestionário em Rousseau
Luiz Carlos Mariano da Rosa

III PARTE

DA VONTADE GERAL COMO PROCESSO ÉTICO-JURÍDICO DE DECISÃO COLETIVA E FORMA DE EXERCÍCIO DO PODER ECONÔMICO-POLÍTICO

Os assuntos universais do Estado são os assuntos estatais, o Estado enquanto *assunto real*. A deliberação e a decisão são a *realização* do Estado enquanto assunto real. Parece evidente, portanto, que todos os membros do Estado têm uma *relação* com o Estado como seu *assunto real*. Encontra-se já no conceito de *membro estatal* que eles são, cada um, um *membro* do Estado, uma *parte* dele, que ele os toma como *sua parte*. Mas, se eles são uma *parte* do Estado, é evidente que sua existência social é, desde já, *sua real participação* no Estado. Eles não *são* apenas parte do Estado, mas o Estado é *sua* parte. Ser parte consciente de alguma coisa é lhe tomar, com consciência, uma parte, participar nela conscientemente.[79]

Condição que viabiliza que ao exercício do poder seja atribuído o caráter do exercício de um direito, eis o

---

[79] Marx, 2010, p. 132, grifos do autor.

que se impõe à Vontade Geral, à medida que emerge como um processo que envolve as decisões coletivas e, antes, a sua deliberação, que consiste na objetivação de valores e práticas, condutas e comportamentos, necessidades e fins do corpo coletivo e moral que convergem para um sistema de deveres e sanções que perfaz, em sua concreticidade, o consenso na sua positividade, qual seja, a Constituição.

Nesta perspectiva, a Vontade Geral consiste na superação da noção de poder à redução que implica uma pura categoria jurídica que se sobrepõe aos homens enquanto indivíduos em sua concreticidade histórico-cultural e econômico-social e às unidades sociais particulares das quais participam, perfazendo uma autoridade que se impõe em função de uma instituição que se esgota como uma estrutura formal, um arcabouço de valores e práticas, condutas e comportamentos, necessidades e objetivos existente *a priori*, o qual, em face da sua condição metafísica e trans-histórica, prescinde dos liames que abrangem a realidade humana, sendo, por essa razão, destituído do conteúdo que somente esta é capaz de engendrar[80]. Caracterizando-se como a restituição do conteúdo que emerge da realidade humana à ordem jurídica que perfaz a estrutura formal da instituição político-social, à medida que através do processo que implica a sua manifestação converge para o exercício da soberania popular, a Vontade Geral dialoga com uma noção de poder que se sobrepõe à condição de um fenômeno objetivo que se impõe à subjetividade dos indivíduos por meio da coercitividade, consistindo, diferentemente, na expressão da unidade social, cuja instauração, baseada

---

[80] Nesta perspectiva, cabe salientar que, divergindo da interpretação de Durkheim, o fundamento da obrigação, segundo a teoria de Rousseau, "não implica de modo algum que exista uma autoridade externa e superior aos indivíduos, autoridade que impõe seu respeito", mas converge para assinalar que "a autoridade política tem seu fundamento no ato pelo qual o indivíduo se engaja em obedecer à vontade geral." (Derathé, 2009, p. 351)

em um interesse, um fim comum, detém a possibilidade de correlacionar *poder de fato* e *poder de direito*.

"Não tendo, o soberano, outra força além do poder legislativo, só age por meio das leis, e não sendo estas senão atos autênticos da vontade geral, o soberano só poderia agir quando o povo estivesse reunido"[81]. Nessa perspectiva, o que se impõe é a *complementariedade* que caracteriza a relação que envolve Poder e Direito, perfazendo um princípio que a Vontade Geral encerra, à medida que implica um processo que envolve as decisões coletivas e, antes, a sua elaboração, cuja condição converge para a soberania popular, que consiste nos atos gerais e na sua expressão, as leis[82], não configurando

---

[81] Rousseau, 1999, p. 179.

[82] Tendo em vista a concepção que, trazendo como fundamento a questão proposta por Proudhon, a saber, "O que é então o povo se não é soberano, se não é dele que vem o poder legislativo?", converge para a seguinte perspectiva: "O povo é o guarda da lei, o povo é o **poder executivo**. Todo o cidadão pode afirmar: Isso é verdadeiro: isso é justo; mas a sua convicção só o obriga a ele: para que a verdade que proclama se torne lei é preciso que seja

senão a sua manifestação o exercício da autonomia do corpo coletivo e moral através de uma noção que tende a se sobrepor ao caráter formal que guarda correspondência com o conceito abstrato de nação. Se a estrutura jurídica não se caracteriza senão como um sistema estático, à medida que se lhe cabe conferir estabilidade às relações envolvendo os homens e as unidades sociais particulares entre si, à Vontade Geral o que se impõe é a necessidade de estabelecer a compatibilidade com a vida, que implica a restituição à ordem em questão (vigente) o conteúdo que emerge da realidade histórico-cultural e econômico-social. Tal possibilidade converge para se lhe conferir a dinâmica própria a uma organização em movimento, cujo funcionamento se sobrepõe ao sentido de uma mera correlação mecânica de normas e preceitos que cumpre

---

reconhecida. Ora, que significa reconhecer uma lei? É verificar uma operação matemática ou de metafísica; é repetir uma experiência, observar um fenómeno, verificar um facto. Só a nação tem o direito de dizer: **Mandamos** e **ordenamos**." (Proudhon, 1975, p. 240, grifos do autor)

nortear a atividade humana, produzindo através de sua força a integração devida, a qual, nesta perspectiva, supõe, em nome da objetividade, a redução da subjetividade e a eliminação das particularidades.

Condição que converge para as fronteiras que encerram a realização do direito do povo, a saber, a soberania, a Vontade Geral consiste no poder que, trazendo como fundamento as relações de interdependência envolvendo os homens e as unidades sociais particulares entre si, detém a capacidade de intervir na realidade jurídico-política e conferir ao Direito abstrato a positividade que a sua aplicação demanda e que guarda correspondência com as necessidades individuais e coletivas.

Nessa perspectiva, o que cabe à Vontade Geral é a possibilidade da instauração de uma relação dialética envolvendo o complexo de fatos e valores que se impõe através das relações dos homens enquanto indivíduos em sua concreticidade histórico-cultural e econômico-social e as unidades sociais particulares entre si (e que não se caracterizam senão como elementos condicionantes) e o arcabouço jurídico e as suas normas e preceitos, convergindo para as fronteiras que encerram a atualização do Direito. Tal condição se impõe à medida que instaura um processo que implica as decisões coletivas e, antes, a sua elaboração, que, trazendo como fundamento valores e práticas, condutas e comportamentos, necessidades e objetivos do conjunto das forças sociais em ação em uma *situação comum*, consiste na condição para o exercício da soberania popular, constituindo-se em um *poder de fato*, não somente em um *poder de direito*.

À participação no processo de construção da Vontade Geral o que se impõe é a condição para que o homem, através da relação dialética envolvendo o seu interesse, a sua vontade e a sua liberdade como indivíduo, e a *situação comum* e o caráter do interesse, da vontade e da liberdade que se lhe impõe, supere a *individualidade abstrata* que tende a separá-lo da comunidade, estabelecendo uma ruptura que, em face da totalidade social, circunscreve-o a si. Esta condição se lhe atribui uma independência incompatível com a lógica da organização do poder que a existência e o funcionamento do sistema social implicam e que supõe interdependência e intersubjetividade, não a justaposição de "consciências de si" e de "eus" que guardem imunidade entre si, usufruindo uma igualdade formal e uma "justiça" que não dialogam com a *realidade concreta*, correspondendo apenas ao viés ideológico do arcabouço político-jurídico da ordem em vigor[83].

Se há uma ruptura envolvendo *moralidade* e *legalidade* que converge para um dualismo que mantém

---

[83] Tendo em vista a concepção que sublinha que "a liberdade na desigualdade é o privilégio, isto é, a felicidade de alguns fundada sobre o sofrimento de todos", conforme esclarece Bakunin, que defende a instauração da necessária correlação envolvendo igualdade política e igualdade econômica, à medida que "a igualdade política sem igualdade econômica é uma farsa, uma mentira" (1979, p. 6).

sob a acepção de uma realidade de caráter interior a primeira e a segunda no sentido de uma realidade de caráter exterior, opondo o mundo subjetivo, que encerra parcialidade e negatividade, e a vida social real, que perfaz a totalidade do arcabouço ético, o que se impõe à Vontade Geral não é senão a possibilidade de sua superação, à medida que estabelece uma relação dialética entre ambas no processo que implica a sua emergência como tal, convergindo, através da objetivação de valores, necessidades e fins que consistem no seu conteúdo, para uma Constituição e um sistema político-jurídico que, guardando raízes nas fronteiras do interesse comum e do bem que se lhe está imbricado, trazem como fundamento a vida concreta do povo[84].

---

[84] Eis a advertência de Rousseau: "Cada um, desligando seu interesse do interesse comum, bem sabe que não o pode isolar completamente; sua parte do mal público, porém, não lhe parece nada, em face do bem exclusivo de que pretende apropriar-se. Excetuado esse bem particular, ele deseja, tão fortemente quanto qualquer outro, o bem geral em seu próprio interesse. Mesmo quando vende seu voto a peso de dinheiro, não extingue em si a

Da propriedade como fundamento ético-jurídico e econômico-político em Locke
à vontade geral e o sistema autogestionário em Rousseau
Luiz Carlos Mariano da Rosa

Nessa perspectiva, a Vontade Geral consiste na possibilidade de superação das *abstrações formais* que tendem a caracterizar o arcabouço constitucional e o sistema político-jurídico em nome da estabilidade que as formas institucionalizadas proporcionam, à medida que como uma "força instituinte" converge para as fronteiras que restituem à *instituição* o conteúdo que encerra os valores, as necessidades e os objetivos que emergem das relações dos homens enquanto indivíduos em sua concreticidade histórico-cultural e econômico-social e as unidades sociais particulares entre si. Tal condição implica, através dos momentos que perfazem o referido processo, a saber, os momentos da *universalidade*, da

---

vontade geral - ilude-a. A falta que comete é mudar a natureza da questão e responder coisa diversa que se lhe pergunta, de modo que, em lugar de dizer, com seu voto, 'é vantajoso ao Estado', ele diz 'é vantajoso para tal homem ou tal partido que seja aprovada tal ou qual proposta'. Assim, a lei da ordem pública nas assembleias não está tanto em nelas manter a vontade geral, quanto em fazer com que sempre seja consultada e sempre responda." (Rousseau, 1999, pp. 200-201)

particularidade e da *singularidade*[85], um movimento que acena com a totalidade do sistema e cuja dinâmica dialoga com o que é essencial para o seu funcionamento corresponder à natureza dos que o compõem, qual seja, a *vitalidade ética*.

---

[85] Recorrendo à perspectiva de Lourau (1996), cabe esclarecer que, em última instância, se o conceito de *instituição*, em seu momento da *universalidade*, guarda correspondência com o conteúdo da ideologia, dos sistemas de normas, dos *patterns* (padrões), dos valores que guiam a socialização, em seu momento da *particularidade* não perfaz senão o conjunto das determinações materiais e sociais que converge para negar a *universalidade imaginária* do primeiro momento, emergindo o referido conceito, em seu momento de *singularidade*, sob a égide das formas organizacionais, jurídicas ou anômicas, que se impõem como necessárias para atingir um determinado objetivo ou finalidade.

Da propriedade como fundamento ético-jurídico e econômico-político em Locke
à vontade geral e o sistema autogestionário em Rousseau
Luiz Carlos Mariano da Rosa

CAPÍTULO 3[86]

A VONTADE GERAL E O SISTEMA AUTOGESTIONÁRIO: NECESSIDADE, POSSIBILIDADE E DESAFIOS

Resultante do contrato social, o governo consiste, em relação ao processo que envolve as decisões coletivas e antes a sua deliberação, em um instrumento que converge para a sua execução em uma construção que atribui à Vontade Geral a função de objetivação dos valores, necessidades e fins do corpo coletivo e moral e a condição *sine qua non* para o exercício da soberania popular através de um sistema que implica um

---

[86] O referido capítulo é constituído por trechos que integram o conteúdo do artigo intitulado *A vontade geral e o sistema autogestionário: necessidade, possibilidade e desafios*, publicado em **Polymatheia – Revista de Filosofia**, ISSN: 1984-9575, v. 10, n. 16, jan. 2017, Fortaleza – CE, Brasil, e pela **Revista Opinião Filosófica**, ISSN: 2178-1176, v. 8, n. 1, p. 476–509, ago. 2017, Porto Alegre – RS, Brasil, e em **ORG & DEMO**, ISSN: 2238-5702, v. 18, n. 1, p. 37-60, jun. 2017, Marília – SP, Brasil, e pela **Revista Ensaios**, ISSN 2175-0564, v. 11, p. 114–139, dez. 2017, Niterói – RJ, Brasil.

movimento ético-jurídico e econômico-político de institucionalização do poder.

Nesta perspectiva, consistindo em um processo ético-jurídico de deliberação coletiva e um movimento econômico-político de institucionalização do poder, a Vontade Geral encerra a possibilidade de dinamizar a inter-relação envolvendo os homens enquanto indivíduos em sua concreticidade histórico-cultural e econômico-social e o corpo coletivo e moral que integram como tais em uma construção que tende a uma totalidade ético-jurídica e econômico-política que guarda raízes na objetivação dos valores, necessidades e fins que por intermédio das instâncias que implicam o *instituído* e o *instituinte* se lhe tornam correspondentes[87].

---

[87] Tendo em vista a distinção estabelecida por Rousseau entre o homem natural e o homem civil: "O homem natural é tudo para si mesmo; é a unidade numérica, o inteiro absoluto, que só se relaciona consigo mesmo ou com o seu semelhante. O homem civil é apenas uma unidade fracionária que se liga ao denominador, e cujo valor está em sua relação com o todo, que é o corpo social." (Rousseau, 1995: 11)

Produto da dialética envolvendo o indivíduo e a sua vontade em relação à totalidade ético-jurídica e econômico-política que perfaz a instituição estatal, a Vontade Geral escapa à redução imbricada na construção que encerra o mero somatório das vontades particulares que redunda na vontade de todos, à medida que guarda correspondência com a noção que implica a soma das diferenças em um movimento que pressupõe não a eliminação da divergência ou diversidade através da homogeneização dos membros do corpo coletivo e moral e dos seus interesses, mas a sua incorporação por intermédio do processo de totalização que, abrangendo a *universalidade*, a *particularidade* e a *singularidade* como momentos que caracterizam a sua operação, converge para as fronteiras do interesse comum.

À diferenciação e pluralidade que caracterizam a organização social impõe-se uma instância capaz de convergir para a construção do consenso ou a administração do dissenso através de uma relação que, envolvendo os indivíduos entre si e diante da instituição estatal enquanto totalidade ético-jurídica e econômico-política, possibilite o exercício da cidadania pressuposta pela condição de membros do corpo coletivo e moral imputada pelo pacto que institui o Estado e a sociedade civil.

Nesta perspectiva, a Vontade Geral impõe-se como possibilidade do exercício da cidadania pelos membros do corpo coletivo e moral da totalidade ético-jurídica e econômico-política que configura a instituição estatal em um processo que, envolvendo as decisões coletivas e antes a sua deliberação, converge para as fronteiras que encerram uma construção baseada na *universalidade concreta*, sobrepondo-se ao caráter abstrato de um arcabouço que implica "igualdade de relações" e uma liberdade cujo conteúdo guarda proporcionalidade concernente ao *status* de agentes econômicos dos homens enquanto indivíduos em sua concreticidade histórico-cultural e econômico-social na estrutura da organização social. Se a relação de dominação, no âmbito da realidade social, caracteriza a racionalidade, convergindo para um processo que assinala uma continuidade histórica que estabelece um vínculo envolvendo as esferas pré-tecnológica e tecnológica, ao projeto e ao empreendimento de transformação da natureza levado a efeito pela sociedade o que se impõe é a alteração da base da dependência que, na transição em questão, sobrepõe gradativamente à circunscrição pessoal, que implica o escravo e o senhor, o servo e o senhor da herdade, o senhor e o doador do feudo, por exemplo, a ordem objetiva das coisas, que, entre outras, corresponde às leis econômicas, o mercado, cuja constitutividade não resulta senão do próprio sistema, supondo uma organização que funciona através de uma estrutura hierárquica e explora os recursos naturais e mentais usando instrumentos cada vez mais desenvolvidos, configurando um contexto que encerra desde a ampla distribuição dos benefícios obtidos até a progressiva escravização do homem, se lhe instaurada pelo aparato produtor.

À reprodução do capitalismo monopolista o que se impõe é um processo de integração que, envolvendo os homens em uma concreticidade histórico-cultural e econômico-social que converge para as fronteiras da subjugação, da sujeição, não guarda raízes senão na esfera das necessidades que se mantêm sob controle e satisfação, tendo em vista o caráter "unidimensional" de uma organização social que traz como fundamento o princípio da produtividade. Dessa forma, a escamoteação dos homens em sua individualidade concreta, sob a condição de um acontecimento que encerra as determinações econômico-social e histórico-cultural, e a redução da sua diversidade empírica através de uma unidade abstrata que se impõe como uma medida capaz de estabelecer a equivalência entre "sujeitos" diferentes (ou entre as suas diferenças), implica a fundação de uma "igualdade formal", a saber, a "humanidade", convergindo para a reprodução do sistema em vigor. Se a perspectiva liberal sublinha a pluralidade de interesses, preferências e sistemas de valores da sociedade civil, o que se impõe como síntese intermediária em relação à prescrição de consenso unânime, à unanimidade, em suma, como o único princípio de legitimidade democrática, é a questão fundamental que desafia o pensamento democrático contemporâneo e não implica senão na construção de formas de convivência que não se circunscreva às fronteiras da existência social e política, mas que alcancem a vida econômica e as relações que a perfaz em um processo que demanda a correspondência com o pressuposto da condição humana (a saber, a liberdade), e que em função disso traga como eixo a problemática da emancipação.

Nesta perspectiva, o que se impõe é a necessidade de equacionamento do problema que envolve a relação entre a soberania popular e a liberdade "negativa", esta implicando o direito à propriedade, como um desafio que se impõe ao pensamento democrático, cuja solução escapa à circunscrição que se lhe atribui à capacidade de um legislador ou à obra de uma revolução, tendo em vista que tenderia a comprometer um aspecto da liberdade "negativa" do indivíduo, se lhe negando a sua legitimidade e suprimindo a sua vontade.

Se à reprodução da sociedade o que se impõe é um conjunto técnico envolvendo coisas e relações tendente à expansão, que encerra em sua esfera a utilização técnica humana em um processo que assinala a cientifização e a racionalização de caráter ascendente que implica a luta pela existência e a exploração tanto do homem quanto da natureza, a autogestão consiste na possibilidade de superação do trabalho sob a acepção de uma atividade determinada historicamente através de um modo de produção, a saber, o sistema do capital, que a encerra como "trabalho assalariado", convergindo para a recuperação do seu sentido antropológico, que se lhe torna preeminente e implica a transformação de um produto natural em um objeto social, implicando a mediação que envolve a relação desenvolvida entre humanidade e natureza, tanto quanto no tocante àquela que se impõe à operação de socialização dos seres humanos, consistindo, em suma, em um processo que converte as energias naturais em socializadas, engendrando, em função da expansão das necessidades e da sua diferenciação, a autorreprodução do indivíduo e da espécie.

Haja vista o dilema que envolve a construção e o exercício da soberania popular e a necessidade da construção de um princípio racional de moralidade política como base da transição entre a pluralidade de vontades e de interesses individuais e a vontade coletiva dos cidadãos, consistindo o direito ao autogoverno um forma política que se impõe à correlação envolvendo direitos e liberdades e soberania popular, eliminando a possibilidade de um antagonismo que torne a desigualdade ético-jurídica e econômico-política insuperável no movimento de totalização da instituição estatal. Dessa forma, Se a liberdade não guarda possibilidade de que seja concebida no mundo moderno senão como uma forma democrática de vida ética, qual não é a necessidade de que a igualdade supere a condição formal se lhe atribuída em função da formação econômico-social e alcance o caráter substantivo (material) que o seu conceito implica, em um processo que converge para o conceito de autolegislação rousseauniano, o qual, segundo a leitura de Habermas, tende a superar a contradição que envolve a "razão prática", corporificada na Constituição, e a vontade soberana do povo.

I PARTE

A VONTADE GERAL E A INTEGRAÇÃO DINÂMICO-DIALÉTICA: A NECESSIDADE E A POSSIBILIDADE DA CORRELAÇÃO ENVOLVENDO LIBERDADE E IGUALDADE

> Quando se propõe uma lei na assembleia do povo, o que se lhes pergunta não é precisamente se aprovam ou rejeitam a proposta, mas se estão ou não de acordo com a vontade geral que é a deles; cada um, dando o seu sufrágio, dá com isso a sua opinião, e do cálculo dos votos se conclui a declaração da vontade geral.[88]

A participação do homem enquanto indivíduo em sua concreticidade histórico-cultural e econômico-social em um processo que se mantém sob a égide do bem comum e pressupõe, no âmbito do corpo coletivo e moral que traz subjacente o antagonismo envolvendo os interesses privados e as vontades particulares, a possibilidade do seu conhecimento como condição para a

---

[88] Rousseau, 1999, p. 205.

construção de decisões que se lhe correspondam em virtude da constituição identitária do cidadão enquanto tal, não implica senão uma integração para a qual converge o reconhecimento da forma institucional ora designada como Estado no que concerne à sua autonomia de pensamento e de ação no sentido que encerra a sua relação com o todo que, sob a acepção de uma totalidade ético-jurídica e econômico-política, se lhe sobrepõe mas não o anula, nem se lhe nega a especificação, à medida que o referido processo se lhe atribui, como membro do soberano, o poder que detém a sua superação.

Se o que se impõe à leitura rousseauniana é a possibilidade que envolve a introdução, no âmbito da soberania popular, da racionalidade política, a instituição da "Vontade Geral" se sobrepõe à referida questão, guardando a sua emergência correspondência com o consenso unânime dos indivíduos, consistindo, dessa forma, no único princípio de legitimidade democrática.

Por essa razão, a constituição da vontade coletiva dos cidadãos, em relação à pluralidade de vontades individuais e interesses particulares, emerge como um problema de relevância, à medida que se a transposição das vontades individuais à Vontade Geral prescinde de um modo que a viabilize, se lhe escapando à explicitação que demanda a teoria, a suposição quanto à supressão da pluralidade de vontades e interesses, concernente à sua instauração, se interpõe como a única justificativa que, uma vez evocada, reclama a superação para a qual a sua própria natureza tende – e isto sob pena de se tornar, em suma, contraproducente, incorrendo, pois, na negação do sistema que pretende legitimar.

Nessa perspectiva, pois, a Vontade Geral emerge como possibilidade da instituição ora designada como Estado superar a condição que o encerra nas fronteiras de uma abstração ideal[89], convergindo para a concreticidade

---

[89] Tendo em vista a perspectiva que assinala que "como ideia-limite, o programa liberal cria o Estado ético, isto é, um Estado que

de uma realidade histórico-cultural que sobrepõe, em suma, o conteúdo (aspecto social) à forma (caráter jurídico) em um processo que implica na fusão que envolve *ser* e *dever ser* no que tange ao *vir-a-ser* que se impõe à sua construção, à medida que tende à integração de valores e práticas, condutas e comportamentos, necessidades e objetivos, os quais, não guardando senão condição de imanência em face da sua constituição, resultam na concretização da totalidade ético-jurídica e perfazem a *universalidade* que lhe cabe como tal.

Se o Estado não se circunscreve à condição que envolve um todo de caráter passivo que se mantém imune à vida e às suas diversas manifestações, o que se impõe à Vontade Geral é um incessante *vir a ser* que

---

idealmente está acima das competições de classe, do cruzamento e choque dos agrupamentos que compõem a realidade económica e tradicional. Este Estado é mais uma aspiração política do que uma realidade política; existe apenas como modelo utópico mas este seu ser é precisamente uma miragem que o torna robusto e o transforma numa força de conservação. Na esperança que ele se realize finalmente na sua completa perfeição, muitos encontram a força para o não renegarem e, portanto, para não procurarem substituí-lo." (Gramsci, 1976, p. 115)

converge para as fronteiras que encerram a unidade de sentido da vida sociopolítica dos homens em sua concreticidade histórico-cultural e econômico-social, perfazendo uma realidade que conjuga empirismo e idealidade e que longe de supor a ausência de participação ativa do povo na sua construção implica um movimento dinâmico-dialético que tende a sobrepujar os interesses particulares em nome da finalidade comum que se lhe está essencialmente atrelada.

À Vontade Geral o que se impõe não é senão um processo que encerra a realização das próprias determinações de um povo, o que implica a atribuição no que concerne ao indivíduo de uma condição que traz como fundamento o reconhecimento mútuo, para cujo acontecimento converge a vida ética e a sua substancialidade, que não se caracteriza, pois, como algo dado de uma forma acabada, mas no sentido que envolve um modo de relação baseado em uma atividade que guarda possibilidade de mudá-lo. Nesse sentido, o homem constitui-se, pois, como um ser em relação em face das determinações substanciais do conceito em uma perspectiva que encerra a virtude como uma correspondência lógica no que tange ao dever ético, o que se lhe mantém sob a égide de um princípio de adesão as raízes do qual não podem emergir senão da capacidade reflexiva, que consiste na base para o exercício de uma liberdade que não se circunscreve a um estado, mas perfaz uma construção que, envolvendo os homens entre si e a coletividade, as partes e o todo, demanda uma articulação que requer uma igualdade substantiva, material, que confira viabilidade à sua instauração.

> As liberdades individuais, não privilegiadas mas humanas, as capacidades reais dos indivíduos só poderão ser plenamente desenvolvidas em igualdade completa. Só quando houver *igualdade desde o início* para todos os homens em cima da terra, só então – salvaguardando os superiores direitos da solidariedade, que é e continuará a ser a principal base de toda a vida social: inteligência humana e bens materiais – se poderá dizer que todo o indivíduo é fruto do seu próprio esforço. Donde concluímos que, para que as capacidades individuais prosperem e não sejam mais impedidas de darem

todos os seus frutos, é necessário, antes de mais nada, que todos os privilégios individuais, tanto políticos como econômicos, isto é, todas as classes, sejam abolidos.[90]

Se a finalidade da instituição do Estado consiste no bem comum, o que se impõe à direção das suas forças não é senão a Vontade Geral, tendo em vista a suposição envolvendo a oposição concernente aos interesses particulares e a necessidade de superá-la como condição originária acerca do estabelecimento da ordem social e política, que encerra em sua constituição a possibilidade de acordo em relação aos mesmos, caracterizando-se aquilo que há de *comum* nestes como a base que possibilita a existência da própria sociedade, à medida que estabelece a coesão que a sua organização implica e perfaz um parâmetro para o exercício do governo.

Nesta perspectiva, se escapa ao sentido que envolve vontade de todos (maioria), o que cabe à Vontade Geral é uma condição que não se circunscreve às

---

[90] Bakunin, 1979, p. 40, grifos do autor.

fronteiras de uma construção que traz em sua estrutura fins redutíveis aos indivíduos e aos interesses particulares que os caracterizam, à medida que o bem comum não consiste em uma mera coincidência com aquilo que, no tocante a si próprios, embora na qualidade de membros do corpo coletivo e moral em questão, os tais julgam como "bem", visto que, se a razão pública se caracteriza como abstrata, a Vontade Geral não consiste senão na encarnação da razão concreta e viva, perfazendo a transição da liberdade negativa para a positividade em um movimento que implica a própria constituição do corpo coletivo e moral enquanto tal.

Ao interesse comum o que se impõe, pois, não é senão a condição do indivíduo como membro do corpo coletivo e moral que emerge através do pacto, o que o implica necessariamente, tendo em vista que se a instituição da ordem social o pressupõe para ele converge simultaneamente em uma relação que exclui a correspondência da noção em questão com o estado de natureza, à medida que o que tem valor é que uma vez integrante de uma comunidade, sob a acepção de parte de uma totalidade concreta, se lhe escapa qualquer possibilidade de manifestação do interesse individual característico daquele *modus vivendi*[91].

Um novo tipo de indivíduo, eis a proposta que emerge da leitura rousseauniana, cuja perspectiva não se esgota nas fronteiras da transformação da sociedade como um todo, nem antes se detém na busca de uma ordem estatal legítima, conforme a pressuposição que

---

[91] "Ora, o povo como corpo, 'o soberano', não poderia querer senão o interesse geral, não poderia ter senão uma *vontade geral*. Enquanto cada um dos membros, sendo simultaneamente, em consequência do contrato, homem individual e homem social, pode ter duas espécies de vontade. Como homem individual, é tentado a perseguir, de acordo com o instinto natural, egoísta, o seu interesse particular. Mas o homem social que nele existe, o cidadão, procura e quer o interesse geral: trata-se de uma busca toda moral, feita no 'silêncio das paixões'. A liberdade – a liberdade natural transformada, desnaturada – é, precisamente, a faculdade que possui cada um de fazer predominar, sobre a sua vontade 'particular', a sua vontade 'geral', que apaga 'o amor de si mesmo' em proveito do 'amor do grupo' (B. de Jouvenel). Assim, obedecer ao soberano, ao povo em conjunto, é verdadeiramente ser livre." (Chevallier, 1999, p. 167, grifos do autor)

advém da análise da transição do Estado Natural para o Estado Social, demandando uma dialética que se impõe às fronteiras que encerram a transformação dos fundamentos econômico-sociais e a reconstrução do homem enquanto tal no que concerne à sua relação com a coletividade. Tal processo emerge à medida que, se não propõe a supressão da propriedade privada ou a sua socialização propriamente dita, conforme defende a perspectiva marxiana, a leitura rousseauniana, identificando-a como a raiz da desigualdade social, impõe uma limitação que converge para a construção da igualdade material, que implica menos uma determinação da ordem política do que um condicionamento da própria organização social, mesmo porque, inexistindo ruptura hierárquica ou não entre ambas, a referida construção guarda correspondência, em suma, com a noção de autogoverno[92].

---

[92] Alcança relevância, nesta perspectiva, a concepção que encerra que "o axioma fundamental e, para falar mais adequadamente,

Se a Vontade Geral consiste em um processo ético-jurídico de deliberação coletiva, o que se impõe à sua manifestação como um fenômeno histórico-cultural é a condição de imanência que a caracteriza em um movimento dinâmico-dialético que demanda uma formação econômico-social que possibilite a emergência de valores e práticas, condutas e comportamentos, necessidades e objetivos que, tendo como fundamento o interesse comum, se lhe correspondam. A pressuposição que emerge, nessa perspectiva, implica a sua inviabilidade em face da ordem em vigor que, se requer a transformação dos homens enquanto indivíduos concretos que a formam, não pode prescindir do que se lhe antecipa, daquilo, pois, que lhe serve de fundamento para a sua existência coletiva, a saber, das relações socioprodutivas, à dinâmica das quais cabe introduzir princípios capazes de sobrepor ao capitalismo

---

constitutivo da autogestão é, meridianamente, o da *igualdade das pessoas*." (Guillerm; Bourdet, 1976, p. 46, grifos do autor)

monopolista o sistema comunal através da instauração de um novo modo de intercâmbio.

Longe de se deter em questões que envolvem revolução e contrarrevolução, que caracterizam um dogmatismo contraproducente que escapa, inclusive, à leitura socialista pós-moderna, à medida que supõe a verticalização do poder, a autogestão [93] implica um fenômeno de transformação estrutural que, diferentemente, converge para a horizontalidade do poder, constituindo-se o povo o seu sinônimo efetivo. Cabe sublinhar que a referida perspectiva, em vigor na Europa em determinadas regiões em função da crise econômica, como também na América Latina (tal como o exemplo da Venezuela, entre outros), certamente não dispõe da simpatia de uma parcela da sociedade, cujo percentual encerra tanto os que se beneficiam da

---

[93] Autogestão guarda correspondência com "a tradução literal da palavra servo-croata *samoupravlje* ('*samo*' sendo o equivalente eslavo do prefixo grego 'auto', e '*upravlje*' significando aproximadamente 'gestão')." (Guillerm; Bourdet, 1976, p. 11)

formação econômico-social em vigor quanto os que se mantém como reféns da condição de alienação se lhes atribuída pelo contexto histórico-cultural, que demanda a reavaliação da base da realidade socioprodutiva, para a qual a instauração de uma atividade como esta, que mobiliza "massas", torna-se fundamental e deve se tornar objeto de discussão ético-jurídica e econômico-política[94].

---

[94] Torna-se relevante, nesta perspectiva, recorrer ao argumento de Proudhon a respeito da contradição envolvendo a crítica da forma e dos atos do governo se o contexto implica a manutenção das condições constitutivas do poder: "Diz-se que o povo, nomeando os seus legisladores e através deles notificando a sua vontade ao poder, estará sempre em condições de deter as invasões deste último; diz-se que desta forma o povo desempenhará ao mesmo tempo o papel de príncipe e o de soberano. Eis em duas palavras a utopia dos democratas, a eterna mistificação com a qual eles enganam o proletariado.

Mas o povo faria leis contra o poder, contra o princípio de autoridade e de hierarquia - que é o princípio da própria sociedade, contra a liberdade e a propriedade? Na hipótese em que nos achamos isto é mais que impossível, é contraditório. E portanto a propriedade, o monopólio, a concorrência, os privilégios industriais, a desigualdade das fortunas, a preponderância do capital, a centralização hierárquica e esmagadora, a opressão administrativa e o arbítrio legal serão conservados; e como é impossível que um governo não atue no sentido de seu princípio, o capital permanecerá como antes o deus da sociedade e o povo, sempre explorado e sempre envilecido, nada mais ganhará, desta tentativa de soberania, senão a demonstração de sua impotência." (Proudhon, 2003, p. 429)

II PARTE

O SISTEMA AUTOGESTIONÁRIO E A AUTODETERMINAÇÃO COLETIVA: A CORRELAÇÃO ENVOLVENDO O *POLÍTICO* E O *ECONÔMICO*

> O que é o governo? O governo é a economia pública, a suprema administração dos trabalhos e bens de toda a nação.[95]

À relação de dependência envolvendo as condições concretas da sua existência, que abrangem desde uma determinada estrutura de produção, a divisão social e tecnológica do trabalho[96], até as instituições políticas, além dos valores e práticas, condutas e comportamentos,

---

[95] Proudhon, 1975, p. 180.

[96] "*O Trabalho, dividindo-se segundo a lei que lhe é própria e que é a condição primeira de sua fecundidade, atinge a negação de seus fins e destrói-se a si mesmo; em outros termos: A divisão fora da qual não há mais progresso, nem riqueza, nem igualdade, subalterniza o operário, torna a inteligência inútil, a riqueza nociva e a igualdade impossível.*" (Proudhon, 2003, p. 181, grifos do autor)

necessidades e objetivos que perfazem um arcabouço cultural, o que se impõe aos homens como seres autônomos e conscientes não é senão uma forma de autodeterminação que implica um processo que guarda possibilidade de promover a superação da alienação das capacidades humanas no contexto das relações sociais, a saber, a autogestão. Se a autogestão consiste em uma noção fundamental para a teoria e a *práxis* da "democracia econômica" (ou "democracia industrial"), constituindo-se, em suma, na base da "democracia participativa" ou do "socialismo autogerido", a sua emergência converge, tanto no âmbito produtivo (autogestão operária) quanto na esfera política (autogestão social), para as fronteiras que encerram a necessidade de ampliação do controle e do poder no interior das organizações sociais, perfazendo uma demanda popular que tende à corporificação através das formas que envolvem conselho de trabalhadores[97] ou conselho de cidadãos. Experiência social de autodeterminação coletiva, que implica tanto a esfera política quanto o âmbito econômico (trabalho), eis o que se impõe à autogestão, cujo sistema emerge como uma alternativa de produção que traz em sua organização princípios e estruturas não-capitalistas que, simultaneamente, convergem para operar em uma economia de mercado, guardando a possibilidade de se constituírem em empreendimentos capazes de superar em produtividade as empresas

---

[97] Convém esclarecer que os conselhos operários, segundo Anton Pannekoek, "não designa uma forma de organização fixa, elaborada de uma vez por todas, a qual só faltaria aperfeiçoar os detalhes; trata-se de um princípio, o princípio da autogestão operária das empresas e da produção. A realização deste princípio não passa, absolutamente, por uma discussão teórica referente aos seus melhores modos de execução. É uma questão de luta prática contra o aparato de dominação capitalista. Em nossos dias, por conselhos operários não se entende a associação fraternal que tem um fim em si mesma; conselhos operários quer dizer luta de classes (na qual a fraternidade tem seu lugar), ação revolucionária contra o poder do Estado." (Apud Bricianer, 1975, p. 310)

capitalistas de heterogestão, promovendo resultados econômico-sociais que envolvem do estímulo ao desenvolvimento econômico local à redução do nível de desigualdades estruturais, chegando a proporcionar para os seus membros, assim como para as comunidades adjacentes, benefícios que não se restringem à área econômica.

Contrapondo-se ao capitalismo globalizado, a autogestão se impõe à construção de uma formação econômico-social que não tende senão à igualdade substancial (concreta), para cujas fronteiras converge a participação política, tendo em vista o processo de socialização gerencial que envolve todas as esferas da vida social, abrangendo dimensões políticas, sociais, econômicas e culturais, a totalidade da estrutura social, em suma, à medida que, caracterizando-se como universalizante, implica a autodeterminação coletiva.

Guardando o sentido lato que implica, no tocante à organização econômica, uma forma democrática, que converge para uma estrutura constituída de vários níveis de conselho e assembleias, a autogestão envolve a socialização do poder gerencial empresarial no processo de organização do trabalho, possibilitando a superação da hierarquia que emerge da distinção entre o núcleo decisório e a esfera de execução, à medida que através de seus delegados os trabalhadores têm acesso ao poder deliberativo, escapando à condição de alienação vigente em um contexto de relações determinado pela racionalização tecnológico-organizacional.

Sobrepondo-se aos aspectos econômicos (ou industriais, fabris), a autogestão, não se circunscrevendo às referidas fronteiras, se impõe como um método de gestão social que guarda complementariedade no que tange a estas, constituindo, dessa forma, um arcabouço que encerra a articulação que envolve os pressupostos políticos, convergindo para uma construção que implica um sistema democrático radical que sob o horizonte rousseauniano consiste na transposição, nas esferas de participação, para o âmbito das estruturas concretas das atividades econômico-sociais de um mecanismo representativo do poder econômico-político, transformando a realidade social então vigente.

Conforme os princípios da inalienabilidade do poder de determinar as regras (isto é, a "soberania" do trabalho não como uma classe particular mas como condição universal da sociedade) e da delegação de papéis e funções sob regras bem específicas, definidas, flexivelmente distribuídas e adequadamente supervisionadas, o estabelecimento de uma forma socialista de tomada de decisão exigiria invadir e reestruturar radicalmente os domínios materiais antagônicos do capital. Um processo que deveria ir bem além do princípio da soberania popular inalienável de Rousseau e seu corolário delegatório. Ou seja, numa ordem socialista, o processo "legislativo" deveria ser fundido ao próprio processo de produção de tal modo que a necessária *divisão horizontal do trabalho* (...) fosse complementada em todos os níveis, do local ao global, por um sistema de *coordenação* autodeterminado do trabalho. Esta relação contrasta agudamente com a perniciosa *divisão vertical do trabalho* do capital, que é complementada pela "separação dos poderes" em um "sistema político democrático" alienado e inalteravelmente imposto às massas trabalhadoras.[98]

Perfazendo as forças produtivas as capacidades produtivas da sociedade, as quais, não se circunscrevendo ao sentido tecnológico, implicam o aspecto social, abrangendo, além dos meios materiais de produção, as capacidades humanas, tanto físicas quanto conceituais, as relações de produção se caracterizam como as relações sociais que encerram a organização da produção e condicionam a alocação dos recursos e dos trabalhos, determinando, no que tange ao processo que envolve as atividades laborais, a sua disposição, como também, no referido complexo, a distribuição dos produtos, convergindo a combinação de ambas, a saber, as forças produtivas e as suas relações de produção, para a

---

[98] Mészáros, 2011, p. 828-829, grifos do autor.

definição do padrão de relações de classe da sociedade e a sua dinâmica interna, o "modo de produção"[99].

À socialização dos meios de produção o que se impõe, pois, é a transformação da propriedade particular ou estatal em uma propriedade social, o que implica, no tocante aos meios de produção, na atribuição à sociedade como um todo da sua condição de pertencimento, cuja noção de posse se mantém, nessa perspectiva, atrelada a todos e a ninguém, cumprindo, neste contexto, a comunidade operária e o conselho de trabalhadores a

---

[99] Tendo em vista que, segundo Nicos Poulantzas, "as relações de produção e as ligações que as compõem (propriedade econômica/posse) traduzem-se sob a forma de poderes de classe que são organicamente articulados às relações políticas e ideológicas que os consagram e legitimam. Estas relações não se sobrepõem simplesmente às relações de produção já existentes, não atuam sobre elas retroativamente numa relação de exterioridade. Estão presentes na formação das relações de produção...(e) desempenham um papel essencial em sua reprodução, e desse modo o processo de produção e exploração é ao mesmo tempo processo de reprodução das relações de dominação/subordinação política ideológica. Deste dado fundamental decorre a presença do Estado, o qual materializa as relações político-ideológicas nas relações de produção." (Poulantzas, 1980, p. 32)

função de gerência da produção, convergindo para um direito que se circunscreve à utilização e a apropriação dos resultados, e isso desde que não se lhe transponham os limites (*ius abutendi*), à medida que o objetivo da sua existência como tal é impedir o que caracteriza o conceito de propriedade que se lhe opõe, a propriedade privada, a saber, a exploração[100].

Se a propriedade privada se caracteriza como a principal instituição da sociedade burguesa (capitalista), longe de reduzir a superação que a sua existência implica à expropriação de um proprietário individual em função da apropriação de um proprietário coletivo (conforme a forma histórica de apropriação concretizada na URSS), o que se impõe não é senão a emergência e redistribuição

---

[100] Conclusão para a qual converge o pensamento proudhoniano, que assinala: "Ora, a propriedade engendra necessariamente o despotismo, o governo do belo prazer, o reino de uma vontade libidinosa; isso faz de tal maneira parte da essência de propriedade que basta, para se convencerem, lembrar o que ela é e o que se passa à nossa volta. A propriedade é o direito de **usar** e **abusar**." (Proudhon, 1975, p. 241, grifos do autor)

dos direitos que convergem para a constituição do direito da propriedade social, uma das referências fundamentais da estrutura da sociedade autogestionária.

> Portanto, se o governo é economia, se tem por único objecto a produção e o consumo, a distribuição dos trabalhos e produtos, como se pode conciliar o governo com a propriedade? Se os bens são propriedades como é que os proprietários não seriam reis e reis despóticos, reis na proporção das suas faculdades de posse? E se cada proprietário é senhor absoluto na esfera da sua propriedade, como é que um governo de proprietários não seria um caos e uma confusão?[101]

A mudança das relações de produção capitalista não demanda senão, no tocante aos produtores, especificamente, e à sociedade, em suma, a apropriação do produto do trabalho, a assimilação dos meios de produção[102], enfim, consistindo a desapropriação em

---

[101] Proudhon, 1975, p. 241.

[102] Tendo em vista que "um dos pressupostos do trabalho assalariado e uma das condições históricas do capital é o trabalho livre e a troca de trabalho livre por dinheiro, com o objetivo de reproduzir o

questão (socialista) na repartição dos diferentes direitos de decisão entre as coletividades, convergindo, seja no âmbito empresarial (privado), seja na esfera social, para as fronteiras que encerram a interdependência envolvendo a economia e a política. A autogestão emerge, nessa perspectiva, através do pressuposto que defende a legitimação do direito de intervenção e do poder decisório no que concerne ao funcionamento e à estrutura organizacional das empresas (que devem alcançar uma condição de ampla abertura em face da sociedade), à medida que a alteração da composição de um conselho administrativo, embora por intermédio de uma gestão democrática, não guarda capacidade de promover a modificação da questão referente ao poder e à situação do seu exercício no contexto dos trabalhadores.

---

dinheiro e valorizá-lo; de o trabalho ser consumido pelo dinheiro — não como valor de uso para o desfrute, mas como valor de uso para o dinheiro. *Outro pressuposto é a separação do trabalho livre das condições objetivas de sua efetivação — dos meios e do material do trabalho.*" (Marx, 1985, p. 65, grifos meus)

Se um sistema autogestionário, no que tange à origem do poder e ao processo de centralização, demanda a construção de mecanismos transparentes, o que se impõe, simultaneamente, não é senão a necessidade que implica a descentralização do seu exercício, à medida que converge para conferir às coletividades às quais competem os assuntos em pauta a devida capacidade decisória, deliberativa, que se lhe é distribuída, pois, maximizadamente. Torna-se relevante, nesta perspectiva, que envolve uma planificação democrática, a circulação das informações e a possibilidade das opções, tendo em vista uma conjuntura caracterizada pela inter-relação de forças antagônicas, a cuja realidade deve se sobrepor um planejamento que, emergindo como um ato político, guarde correspondência com determinadas fronteiras sociais que encerram como base uma economia contratual.

À transformação das relações sociais, para a qual tende a mudança econômica, o que se impõe, destacando o princípio político no tocante à autogestão, é a teoria da democracia direta, à medida que, se a autogestão implica uma gestão democrática das estruturas e decisões econômicas por parte da sociedade, convergindo para as fronteiras que atrelam ao conceito um caráter político, não se lhe escapa, contudo, o aspecto econômico, que emerge através da análise que traz como base o operariado e as relações hierárquicas da estrutura fabril[103], perfazendo uma perspectiva que correlaciona a formação econômica e os meios de poder, cujo exercício, contudo, se em favor das indústrias ou se em benefício do Estado, torna-se necessário descobrir, se lhe conferindo publicidade, tendo em vista que

---

[103] Alcança relevância, nessa perspectiva, a proposta de Rosa Luxemburgo acerca da criação de uma nova ordem na esfera do processo produtivo que seja capaz de se sobrepor às estruturas hierárquicas e ao monopólio dos meios de produção que caracterizam o sistema capitalista, convergindo para a sua transformação: "Eleições, em todas as fábricas, de conselhos de fábrica que, de acordo com os conselhos operários, deverão administrar todos os assuntos internos da empresa, as condições de trabalho, controlar a produção e, finalmente, assumir a direção da empresa." (Luxemburgo, 1991, p. 108)

o poder, instrumento da força coletiva, criado na sociedade para servir de mediador entre o trabalho e o privilégio, encontra-se encadeado fatalmente ao capital e dirigido contra o proletariado. Nenhuma reforma política pode resolver esta contradição pois, como os próprios políticos o confessam, tal reforma apenas daria mais extensão e energia ao poder e, a menos que se derrube a hierarquia e se dissolva a sociedade, o poder não poderia tocar nas prerrogativas do monopólio. O problema pois consiste, para as classes trabalhadoras, não em conquistar, mas sim em vencer ao mesmo tempo o poder e o monopólio, o que significa fazer surgir das entranhas do povo, das profundezas do trabalho uma autoridade maior, um fato mais poderoso, que envolva o capital e o Estado e que os subjugue. Toda a proposição de reforma que não satisfaça a esta condição será apenas um flagelo a mais, uma verga em sentinela, *virga vigilantem* diria um profeta, que ameaça o proletariado.[104]

Caracterizando-se como uma transformação radical que não se circunscrevendo à esfera econômica converge para o âmbito político, a autogestão se sobrepõe, nesta perspectiva, à concepção que encerra o referido exercício ao poder de uma classe especializada, tornando-o objeto de todos os homens, indistintamente, o que implica, em

---

[104] Proudhon, 2003, p. 434.

suma, uma sociedade igualitária[105]. E isto ocorre à medida que, acenando com a possibilidade que envolve a constituição de uma sociedade sem classes, o referido sistema se impõe ao viés mercadológico que caracteriza a organização econômico-social vigente e à estrutura burocrática corporificada pelo Estado que, emergindo como um organismo hipercentralizado, não demanda senão uma conversão que guarde capacidade de se lhe atribuir a função de núcleo de regulação social, tendo em vista a pressuposição que implica a autonomia da ordem sociopolítica.

---

[105] De acordo com a perspectiva que advoga "uma transformação radical da sociedade que tenha como fim a abolição de classes quer do ponto de vista econômico, quer do ponto de vista político, e uma organização em que todos os homens nascerão, se desenvolverão, se instruirão e usufruirão dos bens necessários à vida, em condições de igualdade para todos." (Bakunin, 1979, p. 6)

III PARTE

O SISTEMA AUTOGESTIONÁRIO E A SUA CONCRETICIDADE HISTÓRICO-CULTURAL E ECONÔMICO-SOCIAL: MOVIMENTOS COOPERATIVOS E *COMUNAS SOCIALISTAS*

A *Comuna* – a reabsorção, pela sociedade, pelas próprias massas populares, do poder estatal como suas próprias forças vitais em vez de forças que a controlam e subjugam, constituindo sua própria força em vez da força organizada de sua supressão –, a forma política de sua emancipação social, no lugar da força artificial (apropriada por seus opressores) (sua própria força oposta a elas e organizadas contra elas) da sociedade erguida por seus inimigos para sua opressão. A forma era simples, como o são todas as coisas grandiosas.[106]

Se o *kolkhoz*, ou fazenda coletiva russa, que objetivava resolver os problemas da produção agrícola na antiga União Soviética, assim como o empreendimento organizado por Julius Nyerere nos anos 1960 na aldeia de Ujamaa, na Tanzânia, representa a incompatibilidade

---

[106] Marx, 2011, p. 129.

entre a cooperação e as formas estatistas de transformação social, as iniciativas de autogestão de operários na ex-Iugoslávia e as *comunas* chinesas perfazem experiências positivas de gestão coletiva, à medida que estas últimas, por exemplo, constituídas depois do Grande Salto para a Frente, em 1958, tanto nos distritos rurais quanto urbanos, convergiram para a organização e a regulação da produção do consumo, da defesa e da educação, configurando-se, contudo, a introdução dos modos ocidentais de modernização capitalista um risco no tocante à manutenção da tendência em relação aos resultados substanciais que, parcialmente embora, acenam, em suma, com a realização da *utopia comunista*[107].

---

[107] "O conceito de utopia é um conceito histórico e se refere a projetos de transformação social cuja realização é considerada impossível. Mas por quais razões são tais projetos considerados como irrealizáveis? Geralmente, quando se discute sobre o conceito de utopia, fala-se de irrealizabilidade como impossibilidade de traduzir em fatos concretos o projeto de uma nova sociedade, na medida em que os fatores subjetivos e objetivos de uma dada situação social se

Nesta perspectiva, em um contexto que encerra aproximadamente 100 milhões de pessoas integradas aos movimentos cooperativos na Europa e na América do Norte, o Complexo de Mondragon, na região basca do norte da Espanha, fundado em 1958 por Arizmendi, um padre socialista, se caracteriza como uma experiência que converge para assinalar a possibilidade de eficiência no que tange à implementação e desenvolvimento da "cultura cooperativa" e a aplicação dos princípios de filiação voluntária e controle democrático. Tal processo se impõe à medida que, trazendo uma estrutura que implica a disponibilização de uma rede de atividades, serviços e negócios que abrange desde a área bancária até o setor habitacional, do campo da educação à esfera do bem-estar social e o ramo de bens de consumo, emprega cerca de 19 mil operários/proprietários em mais de 100 cooperativas.

---

opõem à sua transformação. Trata-se da chamada imaturidade das condições sociais, que obstaculiza a realização de um determinado fim." (Marcuse, 1969, p. 15)

Se o impulso ético, idealista, por vezes, caracteriza o cooperativismo, que emerge como um sistema alternativo no que concerne ao capitalismo, à medida que se impõe de baixo para cima, sobrepondo ao individualismo burguês a reciprocidade e a solidariedade social, a sua prática não converge senão para transformar as relações humanas, haja vista que, embora baseada no bem comum, não deixa de pressupor a concorrência de interesses privados na sua construção. Guardando, por sua vez, o sentido de cooperação mútua, tende se não a eliminar completamente os referidos interesses a reduzi-los gradualmente à acepção de manifestações aleatórias sem a força plasmadora, coesiva, que determina o jogo econômico-político regido pelo peso da maioria no âmbito da formação que se impõe como não mais do que liberal-*democrática*.

Nessa perspectiva, o que se impõe é a superação das estruturas burocráticas cuja funcionalidade, escapando ao controle social, permanece à mercê da corrupção endêmica que as caracterizam, o que demanda uma consciência e uma organização popular capazes de implementar mudanças estruturais a partir da base da sociedade, convergindo para as fronteiras que encerram relações socioprodutivas baseadas na horizontalidade, caracterizadas pela cooperação e pela solidariedade, perfazendo um conjunto de comportamentos que, emergindo das atividades atreladas às trocas, se sobrepõe ao horizonte da razão utilitária. Tal condição implica em um horizonte que abrange a empatia, a dádiva, a reciprocidade, o altruísmo, em suma, determinando motivações que não tendem a engendrar senão relações que, divergindo, no tocante aos valores que regem o intercâmbio mercantil, se lhe guardam incompatibilidade, acenando com a emergência de uma lógica anticapitalista, a saber, que sobreponha aos produtos as atividades, se lhes atribuindo o caráter fundamental que lhes cabe na inter-relação constitutiva que se impõe ao complexo da autogestão econômica.

Se as experiências pós-capitalistas não convergiram para a alteração das relações de produção nem se contrapuseram efetivamente à alienação do trabalho, à medida que o que se impunha não era senão o desenvolvimento das forças produtivas, o aspecto material da sociedade então emergente (oriunda da Revolução de Outubro), a relevância dos processos autogestionários da Iugoslávia se mantém reduzida à esfera das unidades produtivas, tendo em vista a sua incapacidade de alcançar o horizonte que implica a macroeconomia, cuja gestão permanecia sob o poder do partido único em um contexto que não possibilitava a liberdade de expressão, o debate, a organização, e que, no que concerne à regulação econômica, conferiu ao mercado um protagonismo que não acarretou menos do que assimetrias e ambiguidades que influenciaram a deflagração da implosão iugoslava.

    Se a organização democrática dos movimentos sociais e dos partidos socialistas, a economia solidária, a conquista de espaços democráticos na mídia, o desenvolvimento dos serviços sociais de educação e saúde, o orçamento participativo, entre outras iniciativas, não se impõem senão como medidas que convergem para a instauração da ordem socialista, o que se lhe impõe, contudo, no que tange à mudança de patamar, é a emergência de rupturas (saltos qualitativos) que, impedindo a tendência ao retrocesso da economia, encaminhem para a superação da hegemonia do capital[108].

---

[108] "Como vimos, o conceito de capital — a origem — implica *dinheiro* como ponto de partida e, portanto, implica a existência de riqueza em forma de dinheiro. Está igualmente implícita sua procedência da circulação; o capital surge como o *produto* da circulação. A formação do capital, portanto, não se origina da propriedade da terra (embora possa derivar dos arrendatários agrícolas na medida em que sejam, também, comerciantes de produtos agropecuários), nem das corporações (embora estas constituam, também, uma possibilidade) mas da riqueza mercantil e usurária. Porém, os comerciantes e usurários somente encontram condições que permitem a compra de trabalho livre quando este foi separado das condições objetivas de sua existência, em consequência de um processo histórico. Aí, torna-se possível, também, comprar as próprias *condições*." (Marx, 1985, p. 101, grifos do autor)

Criação, desenvolvimento e consolidação de experiências que implicam o exercício da democracia direta ou autogestão política, eis o processo que se impõe à Venezuela desde a promulgação da Constituição de 1999, convergindo, através da inter-relação que envolve os *Conselhos Comunais (Ccs)* e as *Comunas Socialistas*, para a superação do modelo estatal burguês, à medida que constituem instâncias que encerram valores, práticas e modos de gestão que, perfazendo uma estrutura identitária de poder que traz como horizonte o fundamento histórico-cultural e político-social local, possibilita a construção de um espaço participativo encarregado tanto da definição das prioridades da comunidade como da elaboração de projetos que visem a solução dos problemas, como também no tocante à sua execução e controle. Além de deter a capacidade de autogestão política, as *Comunas Socialistas* se caracterizam como novas delimitações territoriais que concentram unidades socioprodutivas sob a direção daqueles que assumem as funções políticoadministrativas institucionais, a saber, os trabalhadores, aos quais é delegada, em suma, a propriedade e a administração dos meios de produção material[109].

---

[109] À experiência do processo de superação do modelo estatal burguês, implementada pelo governo de Hugo Chávez (1999-2013) sob a designação de "Revolução Bolivariana", cabe impor a sua crítica em relação ao sistema de representação parlamentar que, baseada na perspectiva de Rousseau, contrapõe à ordem existente, segundo o registro de Mészáros, "a ideia segundo a qual 'o povo soberano deve se transformar no *objeto* e no *sujeito* do poder. Chegamos a um ponto de não retorno e não nos é permitido retroceder. Para os revolucionários esta opção não pode ser negociável'". Liderando na ocasião o *Movimiento Bolivariano Revolucionário - MBR-200* (1993), Chávez defende o projeto de uma mudança radical da estrutura institucional, como Mészáros assinala: "O poder eleitoral do estado federal se tornará o componente político-jurídico pelo qual os cidadãos serão depositários da soberania popular, cujo exercício permanecerá daqui para frente realmente nas mãos do povo. O poder eleitoral será estendido a todo o sistema sociopolítico da nação, estabelecendo os canais para uma verdadeira distribuição policêntrica de poder, deslocando o poder do centro para a periferia, aumentando o poder efetivo da tomada de decisão e a autonomia das comunidades e municipalidades particulares. As Assembleias Eleitorais de cada municipalidade e estado elegerão Conselhos Eleitorais que possuirão um caráter permanente e funcionarão com independência absoluta dos partidos políticos. Eles serão capazes de estabelecer e dirigir os mecanismos mais diversos de democracia direta: assembleias populares, referendos, plebiscitos, iniciativas

Carregando a finalidade de desenvolver e consolidar a forma político-social que corporifica o poder popular do *Estado Comunal* e se impõe como fundamento que guarda a possibilidade de convergir para a emergência de uma sociedade socialista, as *Comunas*[110] se caracterizam

---

populares, vetos, revogação, etc. ... Assim, o conceito de democracia *participativa* será transformado em uma forma na qual a democracia baseada na soberania popular se constitui como a *protagonista* do poder. É precisamente nestas fronteiras que temos que traçar os limites de avanço da democracia bolivariana. Então nós deveremos estar muito perto do território da *utopia*." (Mészáros, 2011, p. 830, grifos do autor)

[110] Instaurando um regime de autogestão operária, a Comuna de Paris, segundo Ernst Mandel, caracteriza-se como "um primeiro exemplo do processo de *revolução permanente*" (1979, p. 16), consistindo em uma forma política da emancipação social que contrapõe-se ao estado bonapartista: "A Comuna era formada por conselheiros municipais, escolhidos por sufrágio universal nos diversos distritos da cidade, responsáveis e com mandatos revogáveis a qualquer momento. A maioria de seus membros era naturalmente formada de operários ou representantes incontestáveis da classe operária. A Comuna devia ser não um corpo parlamentar, mas um órgão de trabalho, Executivo e Legislativo ao mesmo tempo. Em vez de continuar a ser o agente do governo central, a polícia foi imediatamente despojada de seus atributos políticos e convertida em agente da Comuna, responsável e substituível a qualquer momento. O mesmo se fez em relação aos funcionários de todos os outros ramos da administração. Dos membros da Comuna até os postos inferiores, o serviço público tinha de ser remunerado com salários de

como instâncias que, inter-relacionadas entre si através da articulação e integração que se lhes cabe realizar, encerram funções que implicam o autogoverno, à medida que, disponibilizando recursos institucionais para a elaboração, execução e controle da gestão pública, oportuniza ao povo o exercício direto do poder e viabiliza a construção de um modelo econômico que traz como base a propriedade social e as suas empresas. Tal condição se impõe haja vista que, além dos *Conselhos Comunais*, a estrutura administrativa das *Comunas* tem em sua composição aquelas que ou estão sob o poder dos trabalhadores associados, que perfazem o tipo direto, ou são estatais, propriamente, detendo o tipo indireto, constituindo, em suma, um sistema que em função das necessidades coletivas implica um conjunto de relações

---

operários. Os direitos adquiridos e as despesas de representação dos altos dignitários do Estado desapareceram com os próprios altos dignitários. As funções públicas deixaram de ser propriedade privada dos fantoches do governo central. Não só a administração municipal, mas toda iniciativa exercida até então pelo Estado foi posta nas mãos da Comuna." (Marx, 2011, pp. 56-57)

de produção, distribuição, intercâmbio e consumo de bens e serviços, tanto quanto de conhecimentos, cuja organização objetiva, por intermédio de um planejamento estratégico, democrático e participativo, a instauração de um processo que não tende senão a se sobrepor à divisão social do trabalho[111], a saber, a autogestão produtiva.

---

[111] Convém esclarecer que, guardando correspondência com a *divisão social do trabalho* e o seu caráter funcional, a *divisão hierárquica do trabalho* converge para o processo de reprodução do capital, segundo a leitura de Mészáros, que esclarece que "esta imposição da divisão social hierárquica do trabalho como força cimentadora mais problemática – em última análise, realmente explosiva – da sociedade é uma necessidade inevitável. Ela vem da condição insuperável, sob o domínio do capital, de que a sociedade deva se *estruturar de maneira antagônica* e específica, já que as funções de *produção* e de *controle* do processo de trabalho devem estar radicalmente separadas uma da outra e atribuídas a diferentes classes de indivíduos. Colocando de forma simples, o sistema do capital – cuja *raison d'être* é a extração máxima do trabalho excedente dos produtores de qualquer forma compatível com seus limites estruturais – possivelmente seria incapaz de preencher suas funções sociometabólicas de qualquer outra maneira. Por outro lado, nem mesmo a ordem feudal institui esse tipo de separação radical entre o controle e a produção material. Apesar da completa sujeição política do servo, que o priva da liberdade pessoal de escolher a terra em que trabalha, no mínimo ele continua dono de seus instrumentos

Consistindo, no tocante ao sistema capitalista, em uma proposta alternativa de autogestão política e econômica, as *Comunas Socialistas* da Venezuela se impõem como uma possibilidade de superação da democracia representativa através da instauração de uma nova forma de Estado, governo e sociedade que, corporificada pelos *Conselhos Comunais*, converge para a viabilização do exercício da democracia participativa, perfazendo o que se designa como *nueva geometría del poder*, que implica uma nova estrutura institucional que, transferindo a administração e gestão pública para as comunidades, possibilita o controle dos meios de produção sob o regime de propriedade social por parte dos trabalhadores, configurando um processo que pretende sobrepujar o modo de produção característico do capitalismo, que traz como fundamento a exploração do trabalho. Dessa forma, encerrando a capacidade de

---

de trabalho e mantém um controle não formal, mas substantivo, sobre boa parte do processo de produção em si." (Mészáros, 2011, p. 99, grifos do autor)

promover a satisfação das necessidades coletivas, os recursos excedentes da atividade econômica das organizações socioprodutivas do sistema econômico comunal não se destinam senão, por meio de um fundo criado para reuni-los, ao investimento e reinvestimento social, a fim de contribuir, dessa forma, para o desenvolvimento integral do país, conforme prevê a *Lei Orgánica del Sistema Económico Comunal de 2010*, descortinando um horizonte que acena com a reconstituição da unidade que envolve a esfera produtiva e o âmbito político, estabelecendo uma relação entre o poder e a base social capaz de engendrar um modo de ação política e uma estrutura de intercâmbios socioeconômicos e políticos determinada pela própria massa.

ASPECTOS CONCLUSIVOS[112]

DA PROPRIEDADE COMO BASE DAS RELAÇÕES INTERINDIVIDUAIS, DO SISTEMA JURÍDICO-POLÍTICO, DA EXISTÊNCIA HISTÓRICO-CULTURAL E DA FORMAÇÃO ECONÔMICO-SOCIAL À VONTADE GERAL COMO PROCESSO ÉTICO-JURÍDICO DE DECISÃO COLETIVA E FORMA DE EXERCÍCIO DO PODER ECONÔMICO-POLÍTICO

---

[112] A referida conclusão é constituído por trechos que integram o conteúdo de três artigos: o primeiro artigo intitulado *A propriedade como fundamento ético-jurídico e econômico-político em Locke*, publicado em **Hendu – Revista Latino-Americana de Direitos Humanos**, ISSN 2236-6334, v. 6, n. 2, p. 87-102, dez. 2015, e pela **Revista Húmus**, ISSN 2236-4358, v. 6, n. 17, ago. 2016, São Luís – MA, Brasil; o segundo artigo intitulado *A vontade geral como processo ético-jurídico de deliberação coletiva e movimento econômico-político de institucionalização do poder*, publicado pela **Revista Direito em Debate**, ISSN 2176-6622, v. 25, n. 46, p. 94-120, mar. 2017; e o terceiro artigo intitulado *A vontade geral e o sistema autogestionário: necessidade, possibilidade e desafios*, publicado em **Polymatheia – Revista de Filosofia**, ISSN: 1984-9575, v. 10, n. 16, jan. 2017, Fortaleza – CE, Brasil, e pela **Revista Opinião Filosófica**, ISSN: 2178-1176, v. 8, n. 1, p. 476–509, ago. 2017, Porto Alegre – RS, Brasil, e em **ORG & DEMO**, ISSN: 2238-5702, v. 18, n. 1, p. 37-60, jun. 2017, Marília – SP, Brasil, e pela **Revista Ensaios**, ISSN 2175-0564, v. 11, p. 114–139, dez. 2017, Niterói – RJ, Brasil.

Se o indivíduo detém um poder absoluto (soberania) sobre si no estado de natureza, a transição para o estado cívico não se lhe priva desta condição, conforme a perspectiva de Locke, mas se lhe confere base legal para o seu exercício através da instituição do Estado *jurídico*, razão pela qual ao legislativo cabe apenas uma supremacia de caráter relativo, convergindo, de acordo com o Capítulo 1, para uma função que corresponde às necessidades dos indivíduos que consentiram na sua criação e que, elegendo os seus representantes, teoricamente se lhes imbuem do conteúdo que à legislação compete contemplar em um processo que implica uma auto-obrigação jurídica que se sobrepõe ao horizonte condicional do estágio que antecede a instauração da coercibilidade que advém da sociedade política.

Guardando condição de imanência em relação ao estado de natureza, as leis naturais se impõem à existência dos homens como uma espécie de *virtude natural*, à medida que escapa à égide de um direito que automaticamente emerge e dessa forma converge para a sua realização, tendo em vista que, embora se caracterizando pela universalidade, a sua aplicação não consiste senão no resultado de uma síntese de condições objetivas que se correlacionam com as avaliações subjetivas em um processo que pressupõe a impossibilidade de uma identidade perfeita entre os homens e de uma adesão unânime das consciências, constituindo-se o Direito, em última instância, em face das diferenças físicas, intelectuais e morais passíveis de tradução em "desigualdades", na possibilidade de concretização da *proporcionalidade*.

Baseado no direito de propriedade, o sistema filosófico-político de Locke converge para a centralização e concentração de riquezas, à medida que o contratualismo encerra a capacidade de produzir as condições objetivas para a instauração de um progresso que não pode prescindir da divisão social do trabalho, do trabalho assalariado e da divisão em classes da sociedade, tendo em vista a necessidade de investir os esforços dos indivíduos no sentido de construir o conjunto de riquezas que a satisfação dos carecimentos singulares demanda em um processo que, atendendo aos interesses privados, contribui para o *bem-estar geral* que hipoteticamente o Estado encarna. Se a transição do estado de natureza para o estado cívico envolve o processo de instituição do conjunto sistemático das normas asseguradas pela autoridade pública, em consonância com a perspectiva que implica a existência de direitos naturais inatos que guardam anterioridade lógica e cronológica concernente à organização estatal, o que se impõe ao poder legislativo é uma supremacia de caráter relativo, cujo exercício, circunscrevendo a criação do Direito Positivo às fronteiras em questão, se sobrepõe à concepção que reduz o Direito Positivo à condição de Direito Estatal, convergindo para uma noção de soberania que se detém na esfera da sociedade civil, embora restrita aos cidadãos, e na sua relação com o legislativo, escapando ao monopólio do governo civil e resultando de um conjunto que, em última instância, se mantém sob controle dos indivíduos enquanto povo que, dessa forma, conserva a capacidade de autodeterminação e de auto-obrigação jurídicas.

Instituindo uma ordem econômico-jurídica que traz em seu arcabouço uma hierarquia que sobrepõe os cidadãos aos membros, os ricos aos pobres, os "proprietários" aos "trabalhadores", o sistema filosófico-político de Locke encerra uma lógica que supõe diferentes "níveis" de racionalidade no processo de distribuição dos indivíduos na organização das forças produtivas, cujo funcionamento não apenas admite mas demanda a alienação dos homens que, em função da sua autoconservação, tornam-se protagonistas de um resultado econômico-social destinado à construção de riquezas e à satisfação de interesses e vontades particulares daqueles que, perfazendo uma minoria, detêm autorização do Estado *jurídico* para indiscriminadamente monopolizá-las.

Às relações políticas instauradas através da instituição da sociedade política e do Estado *jurídico*, o que se impõe é uma formação econômico-social que guarda correspondência com as ações atomísticas dos indivíduos singulares que, trazendo como fundamento um liame constante e necessário entre si, convergem para a emergência de uma finalidade interior que se lhes determina, perfazendo um conjunto organizado que expressa a *verdade* da vida econômica por intermédio de um corpo daquilo que ora se designa como leis[113], sob cuja égide a economia monetária advém e impera, resultando, contudo, em um desajuste que tende a

---

[113] Convém salientar que, baseada no direito de propriedade que o trabalho instaura, a existência pré-cívica encerra relações e atividades que implicam desde a produção até o comércio, convergindo para um processo que demanda a invenção do dinheiro e a emergência do trabalho assalariado em um sistema econômico-social que, segundo a teoria de Locke, guarda correspondência com a ordem natural, caracterizando-se, por essa razão, por um funcionamento cuja lógica não permanece passível de intervenção do Estado.

introduzir no sistema contradições insuperáveis e antagonismos inelutáveis que culminam na transformação do indivíduo em um meio por intermédio do qual o outro leva a efeito as suas vontades e interesses, tendo em vista o endosso jurídico que as desigualdades alcançam no estado cívico.

As diferenças físicas, intelectuais e morais, ou um hipotético resultado obtido através de um processo que haja implicado desde a apropriação inicial de terras até a acumulação de riquezas engendrada pela invenção do dinheiro, ou a correlação de ambos em uma condição de existência pré-cívica ou pré-política, não pode se constituir como fundamento de uma *desigualdade de fato* que a instauração do contrato e da sociedade política que se lhe advém, fundando o Estado *jurídico*, transforme em *desigualdade de direito*, se lhe conferindo uma base jurídica que traz a distinção não apenas formal mas substancial entre membros da organização político-social e cidadãos, pobres e ricos, "trabalhadores" e "proprietários", determinando definitivamente o destino dos indivíduos em face de uma hierarquização insuperável que, escapando ao paradigma do direito natural, torna a liberdade proporcional ao grau de igualdade usufruída na concreticidade da vida econômico-social e histórico-cultural do homem em sua individualidade singular.

Partindo da suposição tradicional de que a terra e seus frutos haviam sido inicialmente dados ao gênero humano para o uso em comum, virou o feitiço contra os feiticeiros – contra os que deduziam dessa suposição teorias que limitavam a apropriação capitalista. Apagou a incapacidade jurídica pela qual a apropriação capitalista havia sido, até então, entravada. Se não tivesse feito mais do que isso, sua contribuição teria de ser aceita como considerável. Mas ele fez ainda mais. Justificou, como natural, uma diferenciação de direitos e de raciocínios, e assim fazendo, forneceu uma base moral positiva para a sociedade capitalista.[114]

A conexão e a interdependência ininterrupta envolvendo interesses materiais e poder político,

---

[114] Macpherson, 1979, p. 233.

formação econômico-social e sistema político-jurídico, eis o que se impõe ao contratualismo de Locke, que converge para legitimar a força e a hegemonia do *capital*[115] na instituição da sociedade política e do Estado, cuja existência então implica a necessidade de assegurar a "racionalidade" inscrita nas relações "atomísticas" desenvolvidas pelos indivíduos como agentes econômicos em um processo que demanda condições objetivas capazes de possibilitar a transformação da natureza em produto, consubstanciando um patrimônio passível de

---

[115] "Como vimos, o conceito de capital — a origem — implica *dinheiro* como ponto de partida e, portanto, implica a existência de riqueza em forma de dinheiro. Está igualmente implícita sua procedência da circulação; o capital surge como o *produto* da circulação. A formação do capital, portanto, não se origina da propriedade da terra (embora possa derivar dos arrendatários agrícolas na medida em que sejam, também, comerciantes de produtos agropecuários), nem das corporações (embora estas constituam, também, uma possibilidade) mas da riqueza mercantil e usurária. Porém, os comerciantes e usurários somente encontram condições que permitem a compra de trabalho livre quando este foi separado das condições objetivas de sua existência, em consequência de um processo histórico. Aí, torna-se possível, também, comprar as próprias *condições*." (Marx, 1985, p. 101, grifos do autor)

usufruto pelos homens em virtude da satisfação de seus progressivos carecimentos em uma conjuntura que simultaneamente gera a riqueza material da coletividade, a despeito do monopólio dos meios de produção exercido pela minoria (proprietários) em detrimento dos demais e da canalização dos bens e recursos em todos os sentidos em benefício dos tais, tendo em vista o atrelamento inelutável entre a noção que encerra o *bem-estar geral* e o desenvolvimento econômico-social.

Caracterizando-se como um *ser em relação* com as determinações que se impõem à existência histórico-cultural e econômico-social, se a vontade, conforme defende o Capítulo 2, converge para a produção de um conteúdo que não consiste senão em uma *forma de relação* que acena com um movimento que instaura em sua experiência o aspecto lógico (*superação*) e o aspecto ético (*reconhecimento recíproco*), o que se impõe à Vontade Geral, através da *negatividade* inscrita entre os homens enquanto indivíduos em sua concreticidade histórico-cultural e econômico-social e os valores e práticas, condutas e comportamentos, necessidades e objetivos que perfazem a instituição ora designada como Estado, que configura o *instituído* que encerra em si, em última instância, a ordem político-jurídica, é uma nova relação envolvendo o sujeito e a comunidade. E isto tendo em vista o processo que, concernente à *substancialidade ética*, implica a sua mediação, abrangendo a fixação dos limites que demandam a vida comunitária, desde a dissolução dos indivíduos ou da atribuição de uma condição concreta ao ser que se detém na abstração[116], até a resolução das suas oposições, que

---

[116] Haja vista a perspectiva que assinala que "a dialética de universal e particular na sociedade tem uma função de grande monta; o particular representa aqui, precisamente, a expressão lógica das categorias de mediação entre os homens singulares e a sociedade", conforme esclarece Lukács, que conclui: "Assim, Marx – nos *Manuscritos Econômico-Filosóficos* – diz: 'Deve-se evitar, sobretudo, fixar a 'sociedade' como uma abstração em face do indivíduo. O indivíduo é *ente social*. A sua manifestação de vida – mesmo que não apareça na forma direta de uma manifestação de vida *comum*, realizada ao mesmo tempo com outros – é, portanto, uma manifestação e uma afirmação de *vida social*. A vida individual e a

guarda correspondência com os momentos da *universalidade*, da *particularidade* e da *singularidade* e com a dinâmica que os une à totalidade social.

Se o conjunto de prescrições, regras e normas que perfaz a estrutura legislativa tende a convergir para o horizonte da pura formalidade, relegando-a ao arcabouço de arquétipos que caracteriza o formalismo normativista e uma noção de soberania atrelada a um conceito de instituição que exclui o *substractum* da realidade da vida coletiva dos homens enquanto indivíduos em sua concreticidade histórico-cultural e econômico-social, o que se impõe à Vontade Geral não é senão que a sua emergência guarda possibilidade de instaurar uma carga de motivos de ordem ética e material que se lhe mantenha correspondência, conferindo ao Direito o caráter de um sistema vivo. Tal condição, longe de

---

vida genérica do homem não são *distintas*, ainda que – necessariamente – o modo de existência da vida individual seja um modo mais *particular* ou mais *geral* de vida genérica, e a vida genérica seja uma mais *particular* ou mais *geral* vida individual'." (Lukács, 1978, p. 93, grifos do autor)

deflagrar a tirania das estruturas mortas sobre o destino da organização social em vigor, restitui à noção de poder e autoridade, Vontade (Geral) e soberania (popular) o conteúdo originário, cuja "essência", expressão da unidade e da validade objetiva do sistema, não detém raízes senão no interior da esfera jurídica que, sob a acepção de *instituído*, encerra uma positividade que, embora configurando o momento da *universalidade*, não deixa de participar da correlação que abrange os momentos da *particularidade* e da *singularidade* que acenam com as oposições entre forma e conteúdo, reprodução e produção, relações e normas que se integram à totalidade e fomentam o movimento da sua própria superação.

Nessa perspectiva, a Vontade Geral não perfaz senão a superação de uma ordem abstrata, cuja universalização se detém nas fronteiras da formalidade, não se constituindo senão através de parcialidades e contradições, conforme pressuposto no império do direito privado, que converge para uma transcendência que, guardando correspondência com a institucionalização da propriedade e as implicações que carrega a sua condição de fundamento da organização social, caracteriza-se como falsa, tendo em vista que confere a todo homem a possibilidade de satisfação das suas necessidades de acordo com a sua capacidade de *ocupar* e *transformar* a "natureza", impondo aos demais tal "direito".

Se a igualdade formal e o antagonismo real, o sistema e a contradição, a ordem e a desordem, caracterizam as relações envolvendo os homens enquanto indivíduos em sua concreticidade histórico-cultural e econômico-social e as unidades sociais particulares entre si no âmbito do jogo das forças produtivas, o que se impõe é a superação de uma forma institucional que, baseada no direito de propriedade e na divisão do trabalho, uma de suas implicações, converge para a organização de um poder que, tendo a "ocupação" e a "transformação" como exercício, contempla um arcabouço político-jurídico que se funda na "força" e acena com uma ordem abstrata que dialoga com uma universalização formal[117]. Tal condição se impõe à medida que perfaz um sistema instável que não funciona senão para corresponder às necessidades particulares e aos interesses privados em um contexto que atribui ao homem uma individualidade que guarda raízes no

---

[117] Recorrendo à análise de Poulantzas acerca do funcionamento de um sistema econômico-social baseado na separação entre o produtor e os meios de produção, cabe afirmar que "a superestrutura jurídico-política do Estado está relacionada com essa estrutura das relações de produção, o que se torna claro desde que nos reportamos ao direito capitalista. A separação entre o produtor direto e os meios de produção reflete-se aí através da fixação institucionalizada dos agentes de produção como sujeitos jurídicos, isto é, como indivíduos-pessoas políticos. Isto é tanto verdade, no que diz respeito a essa transação particular que é o contrato de trabalho, a compra e a venda da força de trabalho, como no que concerne à relação de propriedade jurídica formal dos meios de produção ou às relações institucionalizadas públicas-políticas. Isto quer dizer que, de fato, os agentes da produção não aparecem como "indivíduos" a não ser nessas relações superestruturais que são as relações jurídicas. É destas relações jurídicas, e não das relações da produção em sentido estrito, que decorrem o contrato de trabalho e a propriedade formal dos meios de produção." (Poulantzas, 1977, p. 124)

humanismo metafísico, conferindo ao trabalho que se lhe cabe desenvolver uma generalidade abstrata, que lhe imputa a positividade de uma "formação" que não se coaduna com o resultado da sua atividade efetiva, na qual não se expõe de modo algum sob a acepção que o supõe como *ativo genericamente*, configurando-se, em suma, como instaurador de um regime de desigualdade e injustiça.

Sobrepondo-se ao individualismo e ao imperialismo jurídico, cujo exercício demanda tanto a coordenação como a subordinação sob a acepção de *formas de Direito*, a Vontade Geral consiste em um processo ético-jurídico de deliberação coletiva que converge para a objetivação de valores, necessidades e fins do corpo coletivo e moral através de um movimento econômico-político que encerra os momentos que abrangem o *instituído*, o *instituinte* e a *institucionalização* e perfaz a totalidade sócio-político-jurídica para a qual tende os homens enquanto indivíduos em sua concreticidade histórico-cultural e econômico-social. Tal condição implica um princípio de integração (dinâmico-dialética) que supera a relação de dependência absoluta do sujeito enquanto parte de um todo que se lhe sobrepõe e o anula, como também, contrariamente, a sua independência abstrata, que pressupõem um poder que inescapavelmente guarda correspondência com a noção de *exterioridade coercitiva* e com a concepção de aparelho coativo que está atrelada ao arcabouço jurídico.

Nessa perspectiva, o que se impõe é a necessidade de superação do antagonismo envolvendo o Direito e a vida, tendo em vista a incapacidade do arcabouço jurídico diante das questões que emergem do âmbito econômico-social e guardam correspondência, em suma, com a subsistência e a vida, que encerram uma condição que escapa ao domínio dos mecanismos e dos dispositivos que se impõem à regulação das relações dos homens enquanto indivíduos em sua concreticidade histórico-cultural e econômico-social entre si e as unidades sociais particulares. Dessa forma, como movimento econômico-político de objetivação de valores, necessidades e fins do povo enquanto corpo coletivo e moral, a Vontade Geral carrega a possibilidade da instauração da atualização dos sistemas legais, se lhes conferindo a vitalidade que um conteúdo novo carrega[118].

À redução da diversidade empírica dos fatos concretos à unidade abstrata de uma regra, eis o que se impõe ao arcabouço jurídico, que converge para submeter ao império do *instituído* e da sua forma os homens enquanto indivíduos em sua concreticidade histórico-cultural e econômico-social, tendo em vista a presunção de *universalidade* que carrega em função da sua capacidade de durar. Tal processo, contudo, demanda

---

[118] Tendo em vista que a teoria de Rousseau defende que a "constituição só existe pela vontade do soberano, o qual pode mudá-la quando lhe apraz. As leis do Estado, inclusive as leis fundamentais, são apenas a expressão da vontade geral. *Basta, portanto, que essa vontade mude para que as leis estabelecidas sejam revogadas e substituídas por outras: a autoridade que as dita pode também aboli-las.*" (Derathé, 2009, p. 483, grifos meus)

a atualização do seu conteúdo sob pena de perder o vínculo de correspondência com as condições objetivas da vida social, tornando-se um sistema "morto" que, por essa razão, depende da coação para reger a existência histórico-social que, nesta perspectiva, não emerge senão como uma "existência legal".

Escapando ao sentido que envolve uma emanação "natural" dos fatos sociais, a regra de Direito depende de um poder que a instaure diante das forças sociais, superando a resistência das vontades particulares e dos interesses que se lhe estão atrelados[119], à medida que não consiste senão em uma composição de forças estabelecida sob a égide de um imperativo ético que implica o processo ético-jurídico de deliberação coletiva

---

[119] Tendo em vista que "se sobrassem aos particulares alguns direitos dos quais pudessem usufruir sem a permissão do soberano, a vontade geral deveria inclinar-se diante das vontades particulares ou, ao menos, medir-se com elas; ela deixaria de lhes ser superior e de lhes impor sua lei. Deixar-se-ia, assim, subsistir a oposição das vontades particulares que se propunha precisamente suprimir." (Derathé, 2009, p. 339)

que através de um movimento econômico-político converge para a objetivação de valores, necessidades e fins do povo enquanto corpo coletivo e moral, tendo em vista que o que se impõe é tanto a afirmação da positividade do Direito quanto a sua prática, a sua realização efetiva.

A incompatibilidade envolvendo democracia e pluralismo, que emerge da leitura rousseauniana em função da sua oposição no tocante à organização de associações particulares no âmago da sociedade, relacionada à perspectiva que sobrepõe, no que concerne à Vontade Geral, a voz da consciência ao debate público, tanto quanto à objeção quanto à representação, converge, de acordo com o Capítulo 3, para caracterizar como anacrônica a composição institucional da democracia, tendo em vista a necessidade que encerra seja a superação das estruturas burocráticas da ordem em vigor no âmbito político, seja a emergência de uma lógica anticapitalista na esfera econômica, a saber, que sobreponha aos produtos as atividades, se lhes atribuindo o caráter fundamental que lhes cabe na inter-relação constitutiva que se impõe ao complexo da autogestão econômica.

À condição de soberano, que ao povo o contrato rousseauniano necessariamente se lhe atribui, o que se impõe, no tocante ao exercício do poder, é a manifestação daquilo que, sobrepondo-se ao privado, ao particular, expresse o interesse comum, a saber, a Vontade Geral, a qual, longe de guardar possibilidade de ser construída através da imposição de uma esfera independente mediante um processo coercitivo, não emerge senão por intermédio da formação econômico-social e da ética que lhe é imanente[120]. E isto tendo em

---

[120] "Se a forma coercitiva de sociedade existente até agora desmoronar e for substituída por uma forma livre de comunidade política e ética - uma forma na qual todos, em vez de estarem submetidos à arbitrariedade dos outros, reconhecem, aprovam e acatam como a sua própria apenas a vontade geral -, então a hora da redenção chegou. Mas essa redenção espera em vão por ajuda exterior. Nenhum Deus nos pode enviá-la; o homem deve sim se

vista que se o modo de produção relativo caracteriza o sistema capitalista, no âmbito do qual os grupos dominantes impõem ao Estado, em nome do livre mercado, os seus interesses, convergindo para a questão que implica quem se apropria realmente dos meios de poder, o modo de produção absoluto perfaz a estrutura socialista, para a qual tende um planejamento estatal, um sistema de planificação que coloca em questão, em suma, o papel e o estatuto social das esferas burocráticas, à medida que o problema não consiste senão em saber quem planifica, tanto quanto o nível em que esta operação ocorre, afinal.

Propriedade privada, divisão do trabalho, burocratização, desenvolvimento tecnológico, empresas multi/transnacionais — eis os eixos que se inter-relacionam no âmbito da civilização ocidental, caracterizando-se como pressupostos em oposição aos quais a teoria autogestionária se articula, perfazendo a

---

transformar no seu próprio salvador e, no sentido ético, no seu criador." (Cassirer, 1999, p. 74)

natureza essencialmente contestadora da noção que se impõe ao referido conceito, a saber, "cooperação", em suma, uma relação que envolve "comunismo" e "socialismo", tendo em vista o viés anticapitalista para o qual convergem, implicando a supressão do capitalismo e do estatismo a construção de um conjunto autogestionado de cooperativas que, participando de uma estrutura de associação que tem como fundamento uma relação igualitária, traz como base organizacional um plano que encerra a soma de necessidades e desejos, à medida que

> *enquanto houver um certo número de homens economicamente privilegiados, um modo e bens particulares de vida que não são os da classe operária; enquanto houver um número mais ou menos considerável de indivíduos que herdem, em diferentes proporções, capitais ou terras que não tenham produzido pelo seu próprio trabalho, enquanto a maioria dos trabalhadores não herdam nada; enquanto o juro do capital e a renda da terra permitirem mais ou menos a esses indivíduos privilegiados viverem sem trabalhar; e supondo mesmo, o que, em semelhantes condições, não é admissível, - supondo que na sociedade todos trabalham, quer seja por obrigação, quer por gosto, mas que uma classe da*

sociedade, graças à sua posição econômica e, por isso mesmo, social e politicamente privilegiada, possa dedicar-se exclusivamente ao trabalho intelectual, enquanto a maioria esmagadora dos homens tem de alimentar-se com o trabalho dos seus braços; numa palavra, enquanto todos os indivíduos humanos não encontrarem na sociedade os mesmos meios de sustento, educação, instrução, trabalho e felicidade, - a igualdade política, econômica e social é completamente impossível.[121]

Redução dos níveis de produção, emprego e inversão tecnológica, eis a consequência que se impõe a uma empresa coletivizada, à medida que a maximização do bem-estar de todos os trabalhadores tende a comprometer a lucratividade e impedir os investimentos que a economia demanda, segundo a perspectiva liberal, que defende a capacidade do mercado e a lei da oferta e da procura no tocante a administração dos recursos disponíveis em detrimento de uma sociedade autogestionada, caracterizada como uma estrutura ineficiente, cuja efetivação converge para uma situação

---

[121] Bakunin, 1979, p. 17, grifos do autor.

contraditória, visto que a crescente tecnicização da organização social, que sobrepõe a tecnocracia ao caráter político das decisões, limitando a competência do cidadão, não o impossibilita senão de exercer o pressuposto da sua condição, a saber, a soberania.

Se a experiência de autogestão na Iugoslávia, contrariando a suposição da crítica liberal, não converge senão para assinalar que a supressão dos princípios da racionalidade taylorista não afeta negativamente o nível de produtividade, à limitação da competência do cidadão que a crescente tecnicização da organização social acarreta o que se impõe é a distinção entre dois tipos de informação, a saber, aquela que, guardando caráter político, dirige as ações coletivas (generalizada) e aquela que, implicando um resultado específico, demanda um conteúdo técnico (especializada). Dessa forma, não havendo possibilidade acerca da centralização em uma dessas fronteiras da decisão no que tange à construção da informação e a sua consequente propagação como tal em todos os níveis da sociedade, torna-se imprescindível o processo de socialização de suas condições de produção, tanto quanto dos seus meios, além dos próprios instrumentos da sua organização, o que reivindica uma ampla circulação que, sobrepondo-se à perspectiva piramidal e elitista, possibilite o acesso ao núcleo decisório das coletividades.

Nessa perspectiva, o que se impõe à sociedade autogestionária é um processo que não emerge senão através de novas relações de poder envolvendo as microinstituições (organizações de massa, comitês de bairro, clubes juvenis, entre outras), implicando o desenvolvimento de contrainstituições como uma possibilidade que emerge das teorias autogestionárias e converge para se sobrepor à relação instável envolvendo *instituinte* e *instituído*, pretendendo gerar acontecimentos simbólicos que se imponham à consciência coletiva e individual a respeito das relações de poder, transpondo as fronteiras que se detêm no dualismo que implica preparação e ação, reforma ou revolução, tendo em vista que

> (o) sistema social socialista não deve e nem pode ser senão um produto histórico, nascido da própria escola da experiência, nascido na hora da sua realização, resultando do fazer-se da história viva (...). O socialismo, por sua própria natureza, não pode ser outorgado nem introduzido por decreto. Ele pressupõe uma série de medidas coercitivas, contra a propriedade, etc. Pode-se decretar o negativo, a destruição, mas não o positivo, a construção.[122]

Se o caráter revolucionário do pensamento social do século XIX não se impõe senão através da oposição que envolve Estado e "sociedade civil", a sua emergência afirma-se em Marx, tanto quanto em Proudhon, à medida que a distinção que a formulação hegeliana propõe se circunscreve às fronteiras do conceito que converge para o âmbito jurídico, no qual a evocação que alcança relevância implica a diferença entre as sociedades que não se mantêm sob o domínio de um poder centralizado

---

[122] Luxemburgo, 1991, p. 92.

(*societas sine imperio*) e os Estados que detêm autoridade e poder. Tal perspectiva, que perfaz a leitura que pretende demonstrar a condição de parte do Estado da "sociedade civil" (que, dessa forma, se lhe permanece sujeito), converge para a transformação ou para a deformação da referida noção, tendo em vista que, se sublinha o Estado como ideia e ideal da sociedade, relaciona à imagem moral que sugere a sua possibilidade de consolidação.

À "sociedade civil" a leitura hegeliana impõe uma concepção que a encerra como a soma das vontades individuais atomizadas que, nesta acepção, se mantém reduzida à condição que envolve não mais do que o interesse geral, do qual não se lhe distingue, acenando, por sua vez, com uma contraposição à Vontade Geral que emerge da interpretação rousseauniana. Nesse sentido, caracteriza-se como imprescindível para a compreensão da utilização da referida expressão neste contexto perspectivacional, que assinala o processo de subversão se lhe atribuído pela evocação da sua "ideia" (da "sociedade civil", em suma, que condensa "a projeção de ideias interiores imaginárias"), a crítica de Marx ao raciocínio em questão, que guarda a suposição de que a sociedade real, viva, que inter-relaciona em sua constitutividade tensões e classes, interesses múltiplos e divergentes e diversas formas de sociabilidade, o povo, em última instância, não representa a realidade, senão a ideia dessa sociedade que o Estado exprime[123].

---

[123] Nesta perspectiva, cabe recorrer ao diagnóstico de Marx, que esclarece: "Sociedade civil e Estado estão separados. Portanto, também o cidadão do Estado está separado do simples cidadão, isto é, do membro da sociedade civil. O cidadão deve, pois, realizar uma *ruptura essencial* consigo mesmo. Como *cidadão real*, ele se encontra em uma dupla organização, a *burocrática* – que é uma determinação externa, formal, do Estado transcendente, do poder governamental, que não tangencia o cidadão e a sua realidade independente – e a *social*, a organização da sociedade civil. Nesta última, porém, o cidadão se encontra, como *homem privado*, fora do Estado; ela não tangencia o Estado político como tal. A primeira é uma organização estatal, para a qual ele sempre dá a *matéria*. A segunda é uma *organização social*, cuja matéria não é o Estado. Na primeira, o Estado se comporta como oposição formal ao cidadão; na segunda, o cidadão se comporta como oposição material ao Estado. Portanto, para se comportar como *cidadão real do Estado*, para obter

Da propriedade como fundamento ético-jurídico e econômico-político em Locke
à vontade geral e o sistema autogestionário em Rousseau
Luiz Carlos Mariano da Rosa

Às forças coletivas criadoras, que se mantêm em condição de inatividade pelo Estado ou pela desigualdade econômica, se impõe a superação da alienação que a existência desta forma institucional como tal implica, à medida que não é sem razão que se lhe cabe uma identificação com a burguesia, convergindo para uma noção que, acenando com a constituição extrassocial do poder público, caracteriza o Estado como uma realidade que permanece à margem da sociedade civil. Não se lhe alcançando a integração, a forma institucional em questão se configura, em última instância, como despótica, usurpadora, passível de destruição, cuja necessidade a leitura de Proudhon assinala, propondo a

---

significado e eficácia políticos, ele deve abandonar sua realidade social, abstrair-se dela, refugiar-se de toda essa organização em sua individualidade; pois a única existência que ele encontra para sua qualidade de cidadão do Estado é sua *individualidade* nua e crua, já que a existência do Estado como governo está completa sem ele e que a existência dele na sociedade civil está completa sem o Estado. Apenas em contradição com essas *únicas comunidades existentes*, apenas como *indivíduo*, ele pode ser *cidadão do Estado*. Sua existência como cidadão do Estado é uma existência que se encontra fora de suas existências *comunitárias*, sendo, portanto, puramente *individual*." (Marx, 2010, pp. 94-95, grifos do autor)

instauração da democracia industrial, que não guarda senão a possibilidade de concretização da autonomia da força produtora, ou seja, a autogestão[124]. Se a emergência dos conselhos de fábrica no início do século XX guarda correspondência com a "democracia industrial" de Proudhon, a demanda que se impõe ao sindicalismo revolucionário converge, no âmbito dos países europeus e sob a égide do "luxemburguismo"[125],

---

[124] "Proudhon nunca empregou o termo autogestão, que é um termo recente; todavia, ele empregou o seu conteúdo, não restringindo o sentido de uma sociedade autônoma à simples administração de uma empresa pelo seu pessoal. Ele deu, pela primeira vez, à sua concepção, o significado de um conjunto social de grupos autônomos, associados tanto nas funções econômicas de produção quanto nas funções políticas. A sociedade autogestionária, em Proudhon, é a sociedade organicamente autônoma, constituída de um feixe de autonomias de grupos se auto-administrando, cuja vida exige coordenação, mas não hierarquização". (Motta, 1981, p. 133)

[125] Contrapondo-se ao monopólio dos meios de trabalho exercido através de uma classe e à condição que, se lhe correspondendo, implica o trabalho assalariado, Rosa Luxemburgo defende que "os meios de trabalho não devem mais ser monopólio de uma classe, mas tornar-se bem comum", além de propor a "regulamentação da produção e repartição dos produtos no interesse da coletividade" (1991, p. 101), convergindo para a conclusão de que "a essência da sociedade

para as fronteiras da autogestão, que traz como fundamento uma ideia do direito social que encerra a noção de "sociedade civil" e de "multiplicidade social". Tal noção acena com uma realidade jurídica diversificada que se contrapõe à leitura de direito que mantém raízes no arcabouço hegeliano e que implica, sob a égide de uma microssociologia dinâmica, a possibilidade de que os grupos, concernente ao poder e às técnicas, exerçam o seu controle, desenvolvendo novas formas para o êxito da referida atividade.

A relação envolvendo soberania e Vontade Geral não se impõe senão através de um processo dialético que, guardando raízes no horizonte da organicidade, acena com uma complexidade estrutural cuja constitutividade encerra uma multiplicidade de forças antagônicas, convergindo para as fronteiras da autogestão, que longe

---

socialista consiste no seguinte: a grande massa trabalhadora deixa de ser uma massa governada, para viver ela mesma a vida política e econômica na sua totalidade, e para orientá-la por uma autodeterminação consciente e livre." (1991, p. 103)

de constituir o Estado constitui-se por si o Estado, detentor de um poder que não emerge originariamente como extrassocial, mesmo que aparentemente seja relegado a tal condição ou venha assumi-la como imposição de uma das suas partes constitutivas, o que, em última instância, não se caracteriza senão como uma ruptura. Dessa forma, pois, o sistema autogestionário, em contraposição ao arcabouço que encerra o antagonismo envolvendo Estado e sociedade (ou, segundo a referida dicotomia, o *político* e o *social*), constitui um sistema que encerra elementos que, inter-relacionados, legislam em causa própria, esvaziando, desse modo, o sentido que carrega a vontade de todos (maioria), se lhe sobrepondo pela concepção que pretende a reconstrução da sociedade civil e a sua transformação na verdadeira infraestrutura social, que demanda, em última instância, a morte das instituições, a sua transformação ou a inversão de seu sentido, conforme a tendência instaurada pelo poder político autogestor, ao qual cabe possibilitar à sociedade a liberdade de autoinstituição.

Se a leitura liberal atribui à democracia a condição que a circunscreve a uma forma constitucional capaz de assegurar, em suma, os direitos aos indivíduos, cumprindo a função de proteger um em relação ao outro no que tange ao seu exercício, cuja capacidade, contudo, baseada em padrões formais e ideais de conduta e comportamento, permanece relegada às fronteiras da liberdade "negativa", ao tipo participativo o que se impõe não é senão a necessidade que implica um processo (educacional) que envolve uma espontânea e ativa participação grupal ou comunitária de indivíduos autônomos. Nesse sentido, a base motivacional que se lhes determina, guardando correspondência com uma identificação que dispensa qualquer espécie de influência externa e demanda um envolvimento pessoal, emerge como endógena, transcendendo o âmbito de uma organização ou instituição particular, que encerra um conceito e uma dinâmica que tendem a uma lógica funcional, mecanicista, destituída de indícios de humanidade. Carregando o sistema cooperativista a pressuposição que envolve, sob a acepção de fundamento, a "economia moral" dos trabalhadores associados, que se contrapõe à ideologia e à prática do *laissez-faire*, a autossuficiência para a qual tende se lhe encerra como uma "colônia" de interesses unidos no âmbito de cuja sociedade o excedente comercial, o "dividendo", é redistribuído entre os seus membros (segundo o valor de suas aquisições, no caso), perfazendo a autogestão a única possibilidade de realização da emancipação econômica do trabalho[126]. Tal condição

---

[126] Nessa perspectiva, o controle democrático (social) emerge como a diferença essencial entre as formas de propriedade capitalista e cooperativa, cujo sistema encerra a noção de associações de indivíduos que trabalham unidos para a produção e distribuição de bens e outorga, contrapondo-se ao funcionamento da empresa acionária, direitos de voto igualitários para todos os seus membros, independentemente do número de quotas que cada qual tenha no

emerge à medida que viabiliza a participação dos produtores na constituição do governo e no exercício do poder[127], convergindo para a superação da condição de escravidão social se lhe imposta pelo sistema que implica a existência das classes e, consequentemente, uma relação de dominação que não acena senão com a alienação, que guarda raízes em um processo que traz como base a democracia representativa e dialoga com as fronteiras do liberalismo[128].

âmbito de uma estrutura que estabelece uma relação entre participação e poder, destituindo o exercício deste último do sentido que implica a posse individual do trabalho abstrato e fossilizado de terceiros.

[127] Tendo em vista que "a tendência democrática, intrinsecamente, não pode significar apenas que um operário manual se torne qualificado, mas que cada 'cidadão' possa tornar-se 'governante' e que a sociedade o ponha, ainda que 'abstratamente', nas condições gerais de poder fazê-lo: a democracia política tende a fazer coincidir governantes e governados (no sentido de governo com o consentimento dos governados), assegurando a cada governado o aprendizado gratuito das capacidades e da preparação técnica geral necessárias a essa finalidade." (Gramsci, 2001, p. 50)

[128] "O fio que orienta as definições devia caber nos requisitos de um sistema que funciona com base na 'igualdade' – reduzida ao *direito*

de vender (por meio de um 'contrato livre') a sua *propriedade*, em que podemos incluir qualquer arte, ofício ou ciência'. Assim como Rousseau, Kant estava convencido de que na ordem econômica justa 'todos teriam alguma coisa e ninguém teria demais', e por isso aprovava a venda ou a divisão por herança das grandes propriedades. Como essa 'alguma coisa' à venda pela esmagadora maioria das pessoas era apenas sua força de trabalho, que se contrapunha ao poder de exploração e repressão obtido da imensa riqueza possuída pelos poucos, esta contradição teria de ser enfrentada de alguma forma. Ela foi 'esclarecida' por Kant e suas almas gêmeas ideológicas por meio da separação radical da 'forma da lei' de sua 'matéria', de modo que, em nome da *racionalidade apriorística*, possa sustentar que 'a igualdade geral dos homens' *de jure* (ou seja: como questão de direito e justiça indiscutíveis) pode 'muito bem coexistir ao lado da maior desigualdade nos graus das posses dos homens'." (Mészáros, 2011, pp. 275-276, grifos do autor)

Da propriedade como fundamento ético-jurídico e econômico-político em Locke
à vontade geral e o sistema autogestionário em Rousseau
Luiz Carlos Mariano da Rosa

REFERÊNCIAS BIBLIOGRÁFICAS

BAKUNIN, Mikhail Aleksandrovitch. **O socialismo libertário**. Tradução de Olinto Beckerman. Col. Bases 22/Teoria. São Paulo: Global, 1979;

BRICIANER, Serge (Org.). **Anton Pannekoek y los Consejos Obreros**. Buenos Aires: Schapire, 1975;

CASSIRER, Ernst. **A questão Jean-Jacques Rousseau**. Tradução de Erlon José Paschoal e Jézio Gutierre. São Paulo: UNESP, 1999;

CHÂTELET, François, DUHAMEL, Olivier, PISIER-KOUCHNER, Evelyne. **História das Ideias Políticas**. Tradução de Carlos Nelson Coutinho. 2. ed. Rio de Janeiro: Zahar, 1990;

DELLA VOLPE, Galvano. **Rousseau e Marx**: a liberdade igualitária. 4. ed. Lisboa: Edições 70, s.d.;

DENT, N. J. H. **Dicionário Rousseau**. Tradução de Álvaro Cabral. Rio de Janeiro: Zahar, 1996;

DERATHÉ, Robert. **Jean-Jacques Rousseau e a ciência política de seu tempo**. Tradução de Natalia Maruyama. São Paulo: Editora Barcarolla; Discurso Editorial, 2009;

DUNN, John. **Locke**. Tradução de Luiz Paulo Rouanet. São Paulo: Loyola, 2003;

ENGELS, Friedrich. **A origem da família, da propriedade privada e do estado**. Tradução de Leandro Konder. 9. ed. Rio de Janeiro: Civilização Brasileira, 1984;

FILMER, Robert. *Patriarcha and other writings*. Cambridge: Cambridge University Press, 1991;

FORTES, Luís Roberto Salinas. **Rousseau:** da teoria à prática. São Paulo: Ática, 1976;

GRAMSCI, Antonio. **Cadernos do cárcere**. Tradução de Carlos Nelson Coutinho. Vol. 2. 2. ed. Rio de Janeiro: Civilização Brasileira, 2001;

GRAMSCI, Antonio. **Escritos políticos**. Tradução de Manuel Simões. Col. Universidade Livre. Vol. I. Lisboa: Seara Nova, 1976;

GUILLERM, Alain; BOURDET, Yvon. **Autogestão:** uma mudança radical. Tradução de Hélio Pólvora. Rio de Janeiro: Zahar, 1976;

HEGEL, Georg Wilhelm Friedrich. **Princípios da filosofia do direito.** Col. Clássicos. Tradução de Orlando Vitorino. São Paulo: Martins Fontes, 1997;

KOSIK, Karel. **Dialética do concreto.** Tradução de Célia Neves e Alderico Toríbio. 2. ed. Rio de Janeiro: Paz e Terra, 1976;

LAPASSADE, Georges. **Grupos, organizações e instituições.** Tradução de Henrique Augusto de Araújo Mesquita. 3. ed. Rio de Janeiro: Francisco Alves, 1989;

LEFEBVRE, Henri. **Lógica formal/lógica dialética.** Tradução de Carlos Nelson Coutinho. 5. ed. Rio de Janeiro: Civilização Brasileira, 1991;

LOCKE, John. **Ensaio sobre o Entendimento Humano.** Tradução de Eduardo Abranches de Soveral. Lisboa: Fundação Calouste Gulbenkian, 1999;

LOCKE, John. **Segundo tratado sobre o governo civil**: ensaio sobre a origem, os limites e os fins verdadeiros do governo civil. Tradução de Magda Lopes e Marisa Lobo da Costa. 3 ed. Petrópolis/RJ: Vozes, 2001;

LOURAU, René. **A análise institucional.** Tradução de Mariano Ferreira. 2. ed. Petrópolis: Vozes, 1996;

LUKÁCS, Georg. **Introdução a uma estética marxista:** sobre a categoria da particularidade. Tradução de Carlos Nelson Coutinho e Leandro Konder. Col. Perspectivas do Homem (Vol. 33/Série Estética). Rio de Janeiro: Civilização Brasileira, 1978;

MACPHERSON, Crawford Brough. **A teoria política do individualismo possessivo:** de Hobbes a Locke. Tradução de Nelson Dantas. Rio de Janeiro: Paz e Terra, 1979;

MANDEL, Ernest. **Da Comuna a Maio de 1968.** Lisboa: Antídoto, 1979;

MANENT, Pierre. **História intelectual do liberalismo.** Tradução de Vera Ribeiro. Rio de Janeiro: Imago, 1990;

MARCUSE, Herbert. **O fim da utopia.** Tradução de Carlos Nelson Coutinho. Série Rumos da Cultura Moderna. Volume 31. Rio de Janeiro: Paz e Terra, 1969;

MARX, Karl. **A guerra civil na França.** Tradução de Rubens Enderle. Col. Marx-Engels. São Paulo: Boitempo, 2011;

MARX, Karl. **Crítica da filosofia do direito de Hegel**. Tradução de Rubens Enderle e Leonardo de Deus. 2. ed. revista. São Paulo: Boitempo, 2010;

MARX, Karl. **Formações econômicas pré-capitalistas**. Tradução de João Maia. 4. ed. São Paulo: Paz e Terra, 1985;

MÉSZÁROS, István. **Para além do capital**: rumo a uma teoria da transição. Tradução de Paulo Cezar Castanheira e Sérgio Lessa. 1. ed. rev. São Paulo: Boitempo, 2011;

MICHAUD, Ives. **Locke**. Tradução de Lucy Magalhães. Rio de Janeiro: Zahar, 1991;

MORA, José Ferrater. **Dicionário de Filosofia**. Tomo III (K-P). Tradução de Maria Stela Gonçalves *et al*. 2. ed. São Paulo: Loyola, 2004;

MOTTA, Fernando C. Prestes. **Burocracia e autogestão**: a proposta de Proudhon. São Paulo: Brasiliense, 1981;

POULANTZAS, Nicos. **O Estado, o poder, o socialismo**. Tradução de Rita de Lima. Rio de Janeiro: Graal, 1980;

POULANTZAS, Nicos. **Poder político e classes sociais.** Tradução de Francisco Silva. São Paulo: Martins Fontes, 1977;

PROUDHON, Pierre Joseph. **O que é a propriedade?** Tradução de Marília Caeiro. 2. ed. Lisboa: Editorial Estampa, 1975;

PROUDHON, Pierre Joseph. **Sistema das contradições econômicas ou filosofia da miséria.** Tomo I. Tradução de J. C. Morel. Col. Fundamentos de Filosofia. São Paulo: Ícone, 2003;

ROUSSEAU, Jean-Jacques. **Do contrato social.** Tradução de Lourdes Santos Machado. Vol. I. São Paulo: Nova Cultural, 1999;

STRAUSS, Leo. **Direito natural e história.** Tradução de Miguel Morgado. Lisboa: Edições 70, 2009.

VITA, Álvaro de. Vontade coletiva e pluralidade: uma convivência possível? **Lua Nova**, São Paulo, n. 23, pp. 211-231, mar. 1991.

BIBLIOGRAFIA DO AUTOR

[Ordem cronológica]

Livros

MARIANO DA ROSA, L. C. **A transformação do sujeito em si mesmo e a fé em Kierkegaard: Abraão, "Pai da Fé" e "Amigo de Deus", como protótipo de um novo ser e de um novo modo de existência.** 1. ed. Beau Bassin, Mauritius: Novas Edições Acadêmicas (OmniScriptum Publishing Group), 2018, v. 1, 105 p.

MARIANO DA ROSA, L. C. **Da propriedade como fundamento ético-jurídico e econômico-político em Locke à vontade geral e o sistema autogestionário em Rousseau.** 1. ed. São Paulo: Politikón Zôon Publicações, 2018, v. 1. 214 p.

MARIANO DA ROSA, L. C. **Os Direitos da Razão e a sua Autoprodução entre o Sistema de Conhecimento de Descartes, o Projeto Crítico de Kant e o Idealismo**

Absoluto de Hegel. 1. ed. São Paulo: Politikón Zôon Publicações, 2018, v. 1. 198 p.

MARIANO DA ROSA, L. C. **Hobbes, Locke e Rousseau: Do direito natural burguês e a instituição da soberania estatal à vontade geral e o exercício da soberania popular. 1. ed.** São Paulo: Politikón Zôon Publicações, 2017, v. 1. 188 p.

MARIANO DA ROSA, L. C. **O direito de ser homem: liberdade e igualdade em Rousseau. 1. ed.** Saarbrücken, Alemanha: Novas Edições Acadêmicas (), 2017. v. 1. 96 p.

MARIANO DA ROSA, L. C. **Determinismo e liberdade: a condição humana *entre os muros da escola*. 1. ed.** São Paulo: Politikón Zôon Publicações, 2016. v. 1. 390 p.

MARIANO DA ROSA, L. C. **O direito de ser homem: da alienação da desigualdade social à autonomia da sociedade igualitária na teoria política de Jean-Jacques Rousseau. 1. ed.** São Paulo: Politikón Zôon Publicações, 2015. v. 1. 150 p.

MARIANO DA ROSA, L. C. **Mito e filosofia: do *homo poeticus*.** 1. ed. São Paulo: Politikón Zôon Publicações, 2014. v. 1. 219 p.

MARIANO DA ROSA, L. C. **Quase sagrado.** 1. ed. São Paulo: Politikón Zôon Publicações, 2014. v. 1. 123 p.

MARIANO DA ROSA, L. C. **O todo essencial.** 1. ed. Lisboa: Universitária Editora, 2005. v. 1. 167 p.

Artigos

MARIANO DA ROSA, L. C. Kierkegaard e a transformação do sujeito em si mesmo entre a vertigem da liberdade e o paradoxo absoluto da fé. **Revista Filosofia Capital – RFC [Brasília, DF]**, v. 13, n. 20, p. 30-46, dez. 2018.

MARIANO DA ROSA, L. C. Kierkegaard e a transformação do sujeito em si mesmo entre a vertigem da liberdade e o paradoxo absoluto da fé. **Saberes: Revista Interdisciplinar de Filosofia e Educação – UFRN [Natal, RN]**, v. 19, n. 2, p. 26-47, ago. 2018.

MARIANO DA ROSA, L. C. Kierkegaard e a transformação do sujeito em si mesmo entre a vertigem da liberdade e o paradoxo absoluto da fé. **Correlatio – UMESP [São Paulo, SP]**, v. 17, n. 1, p. 5-31, ago. 2018.

MARIANO DA ROSA, L. C. Kierkegaard e a transformação do sujeito em si mesmo entre a vertigem da liberdade e o paradoxo absoluto da fé. **Cadernos Zygmunt Bauman - UFMA [São Luís, MA]**, v. 8, n. 17, ago. 2018.

MARIANO DA ROSA, L. C. A oração entre as práticas mágico-religiosas do politeísmo e o *relacionamento pactual* do monoteísmo: da superação do *determinismo da história* em Mircea Eliade à *presença do mistério do ser* em Paul Tillich. **Revista Teológica Doxia – FABRA [PUC-RJ]**, v. 3, n. 3, p. 46-75, jun. 2018.

MARIANO DA ROSA, L. C. Abraão como protótipo de uma nova existência em Mircea Eliade e a fé como movimento envolvendo o finito e o infinito em

Kierkegaard. **Revista Diversidade Religiosa – UFPB [João Pessoa, PB]**, v. 8, n. 1, p. 140-166, jun. 2018.

MARIANO DA ROSA, L. C. Abraão, "Pai da Fé" e "Amigo de Deus", como protótipo de um *novo modo de existência* em Mircea Eliade e a fé como *relação absoluta com o absoluto* em Kierkegaard. **Revista Litterarius – Faculdade Palotina [Santa Maria, RS]**, v. 17, n. 1, p. 1-25, jun. 2018.

MARIANO DA ROSA, L. C. O sistema escolar entre o espaço social e o *habitus* segundo o estruturalismo construtivista de Bourdieu. **Revista Interfaces da Educação - UEMS [Paranaíba-MS]**, v. 9, n. 25, p. 273-303, jun. 2018.

DA ROSA, L. C. M. Kierkegaard e a transformação do sujeito em si mesmo entre a vertigem da liberdade e o paradoxo absoluto da fé. **Revista Eletrônica Espaço Teológico / REVELETEO [PUC-SP]** v. 12, n. 21, p. 68-86, jan./jun. 2018.

MARIANO DA ROSA, L. C. A vontade geral e o sistema autogestionário: necessidade, possibilidade e desafios.

Revista Ensaios – UFF [Niterói, RJ], v. 11, n. 2, p. 114-139, jul./dez. 2017.

ROSA, L. C. M. O sistema escolar entre o espaço social e o *habitus* segundo o estruturalismo construtivista de Bourdieu. **Revista Eletrônica de Educação da Faculdade Araguaia - RENEFARA [Goiânia, GO]**, v. 11, n. 1, jun. 2017.

ROSA, L. C. M. A vontade geral e o sistema autogestionário: necessidade, possibilidade e desafios. **REVISTA ORG & DEMO [Marília, SP]**, v. 18, n. 1, p. 37-60, jan. 2017.

ROSA, L. C. M. da. A vontade geral e o sistema autogestionário: necessidade, possibilidade e desafios. **Revista Opinião Filosófica [Porto Alegre, RS]**, v. 8, n. 1, p. 476-509, jan. 2017.

MARIANO DA ROSA, L. C. A vontade geral e o sistema autogestionário: necessidade, possibilidade e desafios. **Polymatheia - Revista de Filosofia [Fortaleza, CE]**, v. 10, n. 16, jan. 2017.

ROSA, L. C. M. da. O sistema escolar entre o espaço social e o *habitus* segundo o estruturalismo construtivista de Bourdieu. **Revista Eletrônica Pesquiseduca - Universidade Católica de Santos [Santos - SP]**, v. 9, n. 17, p. 91-115, jan. 2017.

MARIANO DA ROSA, L. C. O sistema escolar entre o espaço social e o *habitus* segundo o estruturalismo construtivista de Bourdieu. **Revista Filosofia Capital – RFC [Brasília, DF]**, v. 12, n. 19, p. 51-68, jan. 2017.

ROSA, L. C. M. O processo formativo-educacional entre a integração durkheimiana e a alienação marxiana. **Cadernos Zygmunt Bauman / UFMA [São Luís, MA]**, v. 6, n. 12, p. 51-85, 2016 [*O legado de Bauman*].

MARIANO DA ROSA, L. C. A vontade geral como processo ético-jurídico de deliberação coletiva e movimento econômico-político de institucionalização do poder. **Revista Direito em Debate – Revista do Departamento de Ciências Jurídicas e Sociais da UNIJUI [Ijuí, RS]**, Ano XXV, n. 46, p. 94-120, jul./dez. 2016.

MARIANO DA ROSA, L. C. A soberania entre a renúncia dos direitos ilimitados do contrato hobbesiano e a "alienação verdadeira" do pacto rousseauniano. **Revista Filosofia Capital – RFC [Brasília, DF]**, v. 11, n. 18, p. 43-61, jan./dez. 2016 [*Discussões filosóficas acerca dos fenômenos da existência humana*].

MARIANO DA ROSA, L. C. O sistema educacional e a racionalização burocrática entre a tipologia das ações humanas e a teoria da dominação de Weber. **Saberes, Revista Interdisciplinar de Filosofia e Educação / UFRN [Natal, RN]**, v. 1, n. 14, p. 81-107, out. 2016.

MARIANO DA ROSA, L. C. A propriedade como fundamento ético-jurídico e econômico-político em Locke. **Revista Húmus / UFMA [São Luís, MA]**, v. 6, n. 17, p. 80-102, ago. 2016 [*Política, amizade e liberdade na modernidade*].

MARIANO DA ROSA, L. C. A soberania entre a renúncia dos direitos ilimitados do contrato hobbesiano e a "alienação verdadeira" do pacto rousseauniano. **Revista** de **Ciências Humanas - Educação e Desenvolvimento Humano / UNITAU [Taubaté, SP]**, v. 9, n. 1, ed. 16, p. 115 - 130, jun. 2016 [*Políticas Educacionais*].

ROSA, L. C. M. A lei natural, o direito de propriedade e a coexistência das liberdades: individualismo moderno e liberalismo político no contratualismo de Locke. **Revista Opinião Filosófica [Porto Alegre, RS]**, v. 7, n. 1, p. 303-332, jun. 2016 [*"Dead Dogs Never Die: Hegel and Marx"*].

ROSA, L. C. M. da. A soberania entre a renúncia dos direitos ilimitados do contrato hobbesiano e a *"alienação verdadeira"* do pacto rousseauniano. **Akrópolis – Revista de Ciências Humanas da UNIPAR [Umuarama, PR]**, v. 24, n. 1, p. 71-84, jan./jun. 2016.

MARIANO DA ROSA, L. C. A lei natural, o direito de propriedade e a coexistência das liberdades: individualismo moderno e liberalismo político no contratualismo de Locke. **Filosofando: Revista Eletrônica de Filosofia da UESB [Vitória da Conquista, BA]**, v. 3, n. 2, p. 54-75, jul./dez. 2015.

ROSA, L. C. M. da. Do projeto crítico kantiano: os direitos da razão entre a *lógica da verdade* e a *lógica da aparência*. **Revista Cadernos do PET Filosofia / UFPI [Teresina, PI]**, v. 6, n. 12, p. 76-91, jul./dez. 2015.

MARIANO DA ROSA, L. C. A vontade geral como condição para o exercício da soberania popular em Jean-Jacques Rousseau. **Revista Sociais e Humanas – UFSM [Santa Maria, RS]**, v. 28, n. 2, p. 9–23, mai./ago. 2015.

ROSA, L. C. M. da. Determinismo e liberdade no processo de construção do conhecimento: da condição humana *entre os muros da escola*. **Revista da Faculdade de Educação da UNEMAT [Cáceres, MT],** v. 23, n. 1, ano 13, p. 75-97, jan./jun. 2015.

MARIANO DA ROSA, L. C. Do sistema educacional e o desafio da fundação de um novo homem entre a organização científico-técnica e a formação econômico-social. **Cadernos Zygmunt Bauman / UFMA [São Luís, MA]**, v. 5, n. 10, p. 19-41, 2015 [*O ciberpajé e a tecnociência*].

MARIANO DA ROSA, L. C. Da vontade geral como condição para o exercício da soberania popular em Jean-Jacques Rousseau. **Problemata: Revista Internacional de Filosofia [*International Journal of Philosophy*] / UFPB [João Pessoa, PB]**, v. 6, n. 2, p. 151-177, 2015.

MARIANO DA ROSA, L. C. Do sistema de conhecimento de Descartes: o "eu" como "coisa em si" e a "consciência da consciência". **Revista Filosofia Capital – RFC [Brasília, DF]**, v. 10, n. 17, p. 39-58, jan./dez. 2015 [*Ética e Noética da Transcendência: fenômenos da consciência, da vida, da morte e do espírito!*].

ROSA, L. C. M. Da vontade geral como condição para o exercício da soberania popular em Jean-Jacques Rousseau. **Revista Latitude da UNIFAL [Maceió, AL]**, v. 9, n. 1, p. 99-130, 2015.

MARIANO DA ROSA, L. C. Do sistema de conhecimento de Descartes: o "eu" como "coisa em si" e a "consciência da consciência". **Revista Húmus / UFMA [São Luís, MA]**, v. 5, p. 2-31, 2015.

ROSA, L. C. M. Do projeto crítico kantiano: os direitos da razão entre a *lógica da verdade* e a *lógica da aparência*. **Studia Kantiana [Natal, RN]**, n. 17, p. 5-26, dez. 2014.

MARIANO DA ROSA, L. C. Do direito de ser homem: da alienação da desigualdade social à autonomia da sociedade igualitária na teoria política de Jean-Jacques Rousseau. **PRACS: Revista Eletrônica de Humanidades do Curso de Ciências Sociais da UNIFAP [Macapá, AP]**, v. 7, n. 2, p. 109-133, jul./dez. 2014 [*Temas e Debates das Humanidades Contemporâneas*].

MARIANO DA ROSA, L. C. Do projeto crítico kantiano: os direitos da razão entre a *lógica da verdade* e a *lógica da aparência*. **Revista Opinião Filosófica [Porto Alegre, RS]**, v. 5, n. 2, p. 85-109, 2014 [*Filosofia & Interdisciplinaridade*].

MARIANO DA ROSA, L. C. Da vontade geral como condição para o exercício da soberania popular em Jean-Jacques Rousseau. **Revista de Ciências Humanas – Educação e Desenvolvimento Humano / UNITAU**

[Taubaté, SP], v. 7, n. 2, p. 205-232, jul./dez. 2014 [*Multiplicidade, Contextos e Interdisciplinaridade*].

MARIANO DA ROSA, L. C. Schopenhauer e Nietzsche: do dualismo metafísico ao princípio da unidade-múltipla. **Revista Húmus / UFMA [São Luís, MA]**, v. 4, n. 12, p. 59-76, 2014 [*Pluralidade e Diferença*].

MARIANO DA ROSA, L. C. Mito e filosofia: do *homo poeticus*. **Saberes: Revista Interdisciplinar de Filosofia e Educação / UFRN [Natal, RN]**, v. 1, n. 10, p. 36-65, nov. 2014.

MARIANO DA ROSA, L. C. Schopenhauer e Nietzsche: do dualismo metafísico ao princípio da unidade-múltipla. **Revista Filosofia Capital – RFC [Brasília, DF]**, vol. 9, p. 85-98, 2014 [*Edição Especial: Concepções acerca da Verdade: Subjetividade, Educação e Multidimensionalidade*].

MARIANO DA ROSA, L. C. Do bem comum da visão platônico-aristotélica à lógica hobbesiana do contrato social (da ordem mecânica da matéria à ordem final da vontade). **Revista Filosofia Capital - RFC [Brasília, DF]**, vol.

9, n. 16, p. 58-75, jan./dez. 2014 [*A Razão Refletida: Modernidade na Ciência, na Ação, no Direito Natural e seus reflexos na Cultura Contemporânea*].

MARIANO DA ROSA, L. C. Da autoprodução da razão (do absoluto), a chave do devir e a condição humana. **Cognitio-Estudos: Revista Eletrônica de Filosofia - Philosophy Eletronic Journal / Centro de Estudos de Pragmatismo / PUC-SP [São Paulo, SP]**, v. 11, n. 1, p. 68-85, 2014.

MARIANO DA ROSA, L. C. O direito de ser homem: da alienação da desigualdade social à autonomia da sociedade igualitária na teoria política de Jean-Jacques Rousseau segundo a perspectiva do materialismo histórico e dialético. **Revista Portuguesa de Ciência Política - Portuguese Journal of Political Science / Observatório Político - Associação de Investigação em Estudos Políticos [Lisboa, Portugal]**, n. 3, p. 11-24, 2013 [*I. Do Humanismo*].

MARIANO DA ROSA, L. C. Da educação inclusiva: das diferenças como possibilidades (da teoria à prática). **Revista Zero-a-Seis / UFSC [Florianópolis, SC]**, v. 15, n. 28, p. 12-33, jul./dez. 2013.

ROSA, L. C. M. Maquiavel e Weber: a lógica do poder e a ética da ação - o "príncipe-centauro" e o "homem autêntico". **Revista de Ciências Humanas / UNITAU [Taubaté, SP]**, v. 6, n. 1, p. 120-143, 2013.

MARIANO DA ROSA, L. C. Da autoprodução da razão (do absoluto), a chave do devir e a condição humana. **Revista Tecer / Centro Universitário Metodista Izabela Hendrix [Belo Horizonte, MG]**, v. 6, n. 10, p. 31-50, mai. 2013.

DA ROSA, L. C. M. Do bem comum da visão platônico-aristotélica à lógica hobbesiana do contrato social (da ordem mecânica da matéria à ordem final da vontade). **Revista Opinião Filosófica [Porto Alegre, RS]**, v. 4, n. 1, p. 267-298, 2013 [*Normativismo e Naturalismo*].

MARIANO DA ROSA, L. C. Maquiavel e Weber: a lógica do poder e a ética da ação – O "príncipe-centauro" e o "homem autêntico". **Opsis - Revista da Unidade Acadêmica Especial História e Ciências Sociais / UFG / Regional Catalão [Catalão, GO]**, v. 13, n. 1, p. 180-199, 2013 [*Dossiê Linguagens, Tecnologias da Informação e Ensino de História*].

ROSA, L. C. M. Educação inclusiva: diferenças como possibilidades (da teoria à prática). **Poiésis - Revista do Programa de Pós-Graduação em Educação / UNISUL [Tubarão, SC]**, v. 7, n. 12, p. 324-346, 2013.

ROSA, L. C. M. Do bem comum da visão platônico-aristotélica à lógica hobbesiana do contrato social (da ordem mecânica da matéria à ordem final da vontade). **Revista Aurora / UNESP [Marília, SP]**, v. 7, p. 81-102, 2013 [*Edição Especial / Dossiê: Filosofia*].

MARIANO DA ROSA, L. C. Literatura e religião: entre o tudo-dizer e o nada-dizer [do poder-ser]. **Revista Tecer /**

Centro Universitário Metodista Izabela Hendrix [Belo Horizonte, MG], v. 5, n. 8, p. 48-60, 2012.

MARIANO DA ROSA, L. C. Literatura e religião: entre o tudo-dizer e o nada-dizer (do poder-ser). **Revista Ciências da Religião – História e Sociedade / Programa de Pós-Graduação em Ciências da Religião do Centro de Educação, Filosofia e Teologia (CEFT) da Universidade Presbiteriana Mackenzie [São Paulo, SP]**, v. 10, n. 1, p. 163-184, 2012.

MARIANO DA ROSA, L. C. Da educação inclusiva: das diferenças como possibilidades (da teoria à prática). **Revista Lentes Pedagógicas / Faculdade Católica de Uberlândia [Uberlândia, MG]**, v. 2, n. 1, p. 2-20, 2012 [*Dossiê infância, fundamentos e práticas pedagógicas: inclusão e superação*].

MARIANO DA ROSA, L. C. Da educação inclusiva: das diferenças como possibilidades (da teoria à prática). **Revista Lugares de Educação / UFPB [Bananeiras, PB]**, v. 2, n. 3, p. 78-97, 2012 [*Multitemático*].

ROSA, L. C. M. Maquiavel e Weber: a lógica do poder e a ética da ação – o "príncipe-centauro" e o "homem autêntico". **Revista da Católica: Ensino – Pesquisa – Extensão / Faculdade Católica de Uberlândia [Uberlândia, MG]**, v. 4, n. 8, p. 3-23, 2012 [*Filosofia*].

ROSA, L. C. M. Da autoprodução da razão (do absoluto), a chave do devir e a condição humana. **Revista Semina: Ciências Sociais e Humanas / UEL [Londrina, PR]**, v. 33, n. 2, p. 147-162, 2012.

MARIANO DA ROSA, L. C. Os ídolos da caverna e a sociedade contemporânea: do narcisismo biopsicocultural. **Revista Filosofia Capital - RFC [Brasília-DF]**, v. 6, n. 13, p. 77-85, 2011 [*Miscelânea Filosófica em um Contexto Existencial*].

MARIANO DA ROSA, L. C. Da "revolução copernicana" (do verdadeiro "idealismo transcendental"). **Revista Intuitio / Programa de Pós-Graduação em Filosofia da PUC-RS [Porto Alegre, RS]**, v. 4, n. 1, p. 117-133, 2011.

MARIANO DA ROSA, L. C. Da "revolução copernicana" (do verdadeiro "idealismo transcendental"). **Revista Opinião Filosófica [Porto Alegre, RS]**, v. 2, n. 2, p. 34-51, 2011 [*Kant: Política e Epistemologia*].

MARIANO DA ROSA, L. C. A vela e o caminho (da construção coletiva do saber). **Revista Teias / Programa de Pós-Graduação em Educação – ProPEd / UERJ [Rio de Janeiro, RJ]**, v. 12, n. 25, p. 238-258, mai./ago. 2011 [*Ética, Saberes & Escola*].

MARIANO DA ROSA, L. C. Popper e a objetividade do conhecimento científico: a ciência provisória e a verdade temporária. **Cognitio-Estudos: Revista Eletrônica de Filosofia - Philosophy Eletronic Journal / Centro de Estudos de Pragmatismo / PUC-SP [São Paulo, SP]**, v. 8, n. 1, p. 17-28, jan./jun. 2011.

MARIANO DA ROSA, L. C. Do mistério do ser - entre o pensador e o poeta [do *da-sein*]. **Poros – Revista de Filosofia / Faculdade Católica de Uberlândia [Uberlândia, MG]**, v. 3, n. 5, p. 1-21, 2011.

ROSA, L. C. M. Do mistério do ser - entre o pensador e o poeta [do *da-sein*]. **Revista Filosófica São Boaventura / Fae – Centro Universitário / Instituto de Filosofia São Boaventura [Curitiba, PR]** v. 4, n. 2, p. 77-100, jul./dez. 2011.

MARIANO DA ROSA, L. C. Da educação: do jogo sociocultural e a inter-relação envolvendo *modus vivendi* e *modus essendi*. **Acta Scientiarum. Education / UEM [Maringá, PR]**, v. 33, n. 2, p. 211-218, July-Dec./2011 [História da Educação].

MARIANO DA ROSA, L. C. Da educação: do jogo sociocultural e a inter-relação envolvendo *modus vivendi* e *modus essendi*. **Múltiplas Leituras / Faculdade de Humanidades e Direito – UMESP [São Paulo, SP]**, v. 4, n. 2, p. 9-23, 2011 [*Dossiê: Violência e Educação*].

ROSA, L. C. M. A teoria analítica da ciência e a dialética aristotélica. **Revista Seara Filosófica / UFPel [Pelotas, RS]**, v. 4, p. 91-119, 2011.

MARIANO DA ROSA, L. C. Do "vir-a-ser" nietzschiano [Do "instinto natural filosófico"]. **Revista Partes [São Paulo, SP]**, v. 11, p. 1, 2011 [*Cultura*].

DA ROSA, L. C. M. Os ídolos da caverna e a sociedade contemporânea: do narcisismo biopsicocultural. **Cadernos Zygmunt Bauman / UFMA [São Luís, MA]**, v. 1, n. 2, p. 71-80, Jul. 2011 [*Ética, moral e pós-modernidade*].

DA ROSA, L. C. M. Da essencialização da realidade. **Revista Filosofia Capital – RFC [Brasília-DF]**, v. 4, n. 8, p. 46-57, 2009 [*A Condição Humana em Processo de Mutação*].

DA ROSA, L. C. M. Niilismo pós-orgíaco. **Revista Filosofia Capital – RFC [Brasília-DF]**, v. 4, p. 59-76, 2009 [*Edição Especial: A Vida é Inevitavelmente Agora!*].

DA ROSA, L. C. M. Autoformação (do "homem completo"). **Revista Filosofia Capital - RFC [Brasília-DF]**, v. 4, n. 9, p. 20-35, 2009 [*A Presença da Filosofia no Fazer Humano!*].

MARIANO DA ROSA, L. C. Autoformação (do "homem completo"). **Revista Entreideias: educação, cultura e sociedade / FACED – UFBA [Salvador, BA]**, v. 14, p. 87-103, 2008.

WEBSITES & SOCIAL LINKS DO AUTOR

CNPq [Luiz Carlos Mariano da Rosa]:

http://lattes.cnpq.br/0084141477309738

ORCID [Luiz Carlos Mariano Da Rosa]:

http://orcid.org/0000-0001-7649-2804

ResearchGate [Luiz Carlos Mariano Da Rosa]:

http://www.researchgate.net/profile/Mariano_Luiz_Carlos

Semantic Scholar/Profile 1 [Luiz Carlos Mariano da Rosa]:

https://www.semanticscholar.org/author/Luiz-Carlos-Mariano-da-Rosa/145051332?sort=influence&fbclid=IwAR2B2G-5PtDDY-iO4_WxRjgzKonySDta7YZ75M3QILBdarhUXDDIIGuYf9I

Semantic Scholar/Profile 2 [Luiz Carlos Mariano da Rosa]:

https://www.semanticscholar.org/author/Luiz-Carlos-Mariano-da-Rosa/134330005?sort=influence&fbclid=IwAR07268G-nB8AXcSzOWA7Q3I6lOkoOvlsJYZBAJU5F5UxTR3S2SxQO9f-Kc

Publons [Luiz Carlos Mariano da Rosa]:

https://publons.com/researcher/1911395/luiz-carlos-mariano-da-rosa/

PhilPapers [Luiz Carlos Mariano da Rosa]:

https://philpeople.org/profiles/luiz-carlos-mariano-da-rosa

REDIB - Red Iberoamericana de Innovación y Conocimiento Científico [Luiz Carlos Mariano da Rosa]:

https://redib.org/Search/Results?type=Author&lookfor=%22luiz+carlos+mariano+da+rosa%22&limit=20

Acta Académica [Luiz Carlos Mariano Da Rosa]:

https://www.aacademica.org/marianodarosa.luizcarlos

Academia.edu [Mariano Da Rosa (Luiz Carlos)]:

http://ucam-br.academia.edu/MarianoDaRosaLuizCarlos

Google Acadêmico/Google Scholar [Luiz Carlos Mariano da Rosa]:

https://scholar.google.com/citations?hl=pt-PT&user=IwvxyawAAAAJ

WorldCat [Luiz Carlos Mariano da Rosa]:

https://www.worldcat.org/search?q=luiz+carlos+mariano+da+rosa&fq=ap%3A%22mariano+da+rosa+luiz+carlos%22&dblist=638&start=1&qt=page_number_link

Globethics.net [Luiz Carlos Mariano da Rosa]:

https://repository.globethics.net/discover?scope=%2F&query=%22luiz+carlos+mariano+da+rosa%22&submit=&rpp=10&view=list

Google Books [Luiz Carlos Mariano Da Rosa]:

https://www.google.com.br/search?q=inauthor:%22Luiz+Carlos+Mariano+Da+Rosa%22&hl=pt-BR&tbm=bks&sxsrf=ALeKk026VWNSO-SmmG2pwoYFLRt1ohsbAw:1615235446539&ei=dolGYLO7IOOy5OUPuNqNoAI&start=0&sa=N&ved=0ahUKEwizzpP4xKHvAhVjGbkGHThtAyQ4ChDy0wMIRw&biw=1536&bih=775&dpr=1.25

Escritores.org [Luiz Carlos Mariano da Rosa]:
http://www.escritores.org/libros/index.php/item/luiz-carlos-mariano-da-rosa

Blog Prof. Mariano Da Rosa Educação, Filosofia e Teologia [Mariano Da Rosa, Luiz Carlos]:

https://professormarianodarosa.blogspot.com/

Da propriedade como fundamento ético-jurídico e econômico-político em Locke à vontade geral e o sistema autogestionário em Rousseau

Luiz Carlos Mariano da Rosa

Da propriedade como fundamento ético-jurídico e econômico-político em Locke
à vontade geral e o sistema autogestionário em Rousseau
Luiz Carlos Mariano da Rosa

www.ingramcontent.com/pod-product-compliance
Lightning Source LLC
Chambersburg PA
CBHW071706160426
43195CB00012B/1597